高校カリキュラム・マネジメントの基本

——たしかなカリキュラム研究・開発・マネジメントのために——

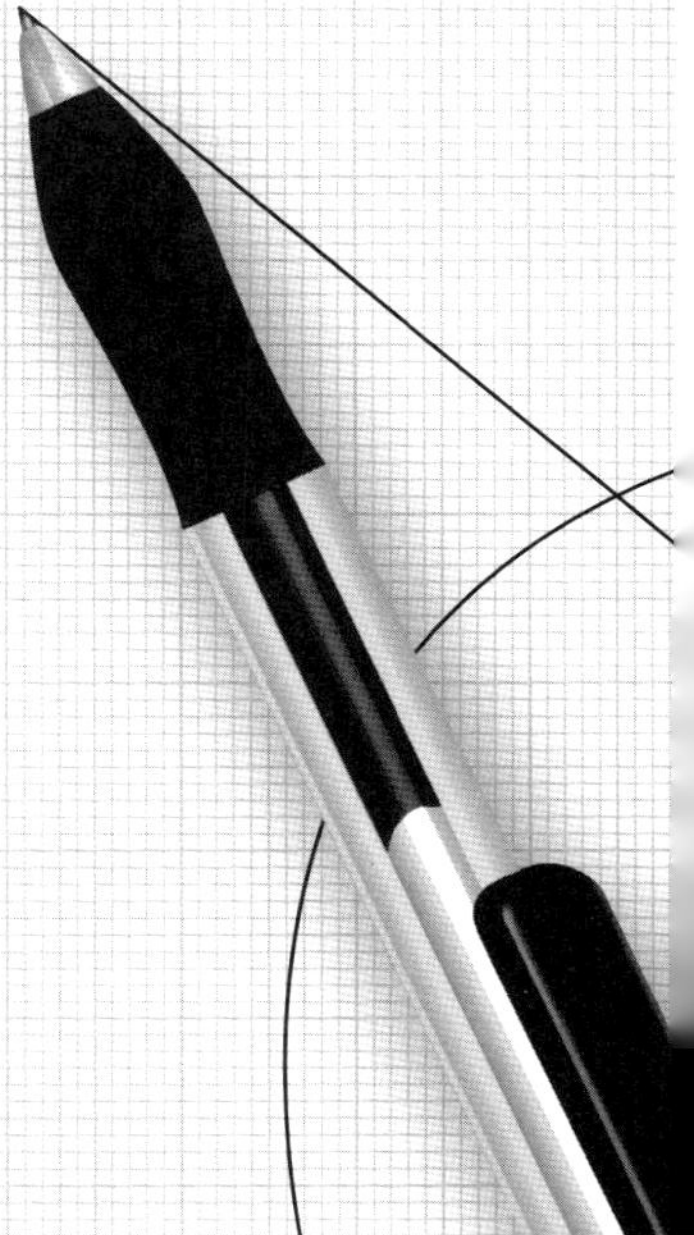

梶輝行 著

目次

プロローグ

本書は、高等学校のカリキュラム開発とカリキュラム・マネジメントの実践に重点を置いて著述したものである。

２０１８（平成30）年3月30日、文部科学大臣告示として高等学校学習指導要領の改訂内容が伝えられた。今回の改訂は、１９４８（昭和23）年の文部省「新制高等学校教科課程の改正について」の発出以来、１９５１（昭和26）年の学習指導要領の第1次改訂から数えて9回目にあたる第9次改訂となった。その中で文部科学省（以下、文科省）が改訂の基本的な考え方として示していることを整理すると、次の3つとなる。

○これからの学校教育において「社会に開かれた教育課程」の実現をめざす理念のもと、すべての生徒に社会で求められる資質・能力を育み、生涯にわたって問題を見いだし、その解決策を考えるなど探究を深める未来の創造者・開拓者の育成を求めていること

○「社会に開かれた教育課程」の実現に向けては、各学校が教育課程を明確にし、社会との連携・協働によりその実現を図っていくこと

○各学校は学校教育全体で、各教科・科目等の指導をとおして資質・能力の育成に向けた教育活動の充実を図り、その際に生徒の発達の段階や特性等を踏まえ、知識と技能の習得、思考力・

判断力・表現力等の育成、学びに向かう力と人間性等の涵養をバランスよく実現し、主体的に学習に取り組み、また個性を生かしてさまざまな人々との協働による学びを促す教育の充実に努めていくこと

改訂の理念やこうした基本的な考え方を実現するため、今回改訂では2つの具体的な取組として、生徒の「主体的・対話的で深い学び」の実現に向けた授業改善とカリキュラム・マネジメントの確立を明示している。前者は大学教育改革の中で提唱された「アクティブ・ラーニング」として中央教育審議会（以下、中教審）で論議されてきた流れであり、文科省は学識者等によりさまざまな解釈と多義的な意味合いで表現されている状況を考慮し、学習指導要領の改訂では「アクティブ・ラーニング」の呼称を用いないと規定して正式に通知（2017年2月14日）したうえで、告示段階では「主体的・対話的で深い学び」として表現された。

この表記も当初解釈をめぐって論議されたところであるが、文科省の見解では「主体的な学び」「対話的な学び」、そして「深い学び」の三層構造での学びを意味するものとして解説がなされた。このことを踏まえて実際の授業では、どのような指導を行うことでこれらの学びを実現できるのか注目が集まった。高等学校に先行して改訂告示された小学校と中学校を対象に刊行されたさまざまな著書は、中教審の委員や文科省の視学官・教科調査官など改訂の直接の担当者等を中心に執筆され、それらがこれからの授業の在り方や指導方法について普及・啓発の役割を担ってきたといえる。このことは、カリキュラム・マネジメントに関しても同様なことがいえる。

高等学校より1年前に改訂告示がなされた小・中学校を扱った刊行物は、前年の中教審「幼稚園、小学校、中学校、高等学校及び特別支援学校の学習指導要領等の改善及び必要な方策等について（答申）（2016年12月21日）」（以下、2016年中教審答申）の内容をも踏まえ、総則をはじめ各教科等の分野ごとを扱ったもののほか、指導法や学習活動の工夫等に関するものなど幅広く出版されている。高等学校に関する刊行物は、学習指導要領の総則や各教科等の「解説」の公表を経て加速するものと期待している。改訂告示後の2018年5月、「月刊高校教育」編集部がいち早く刊行した『高等学校新学習指導要領　全文と解説』は、高校教育に携わる者や学校内でカリキュラム開発や新教育課程の編成を担当する教職員にとって、新たな高校教育の取組や教育課程編成の検討を進めるうえで拠り所となっている。

さて、本書は、今回の学習指導要領の改訂で明記された「カリキュラム・マネジメント」に関して、高等学校に限定して主に実践的な取組の在り方や考え方を中心に著述することに努めた。その理由は、高等学校の設置趣旨とそれに基づくカリキュラム特性にある。

高等学校は、学校教育法をはじめ高等学校設置基準などの法規にあるように、全日制・定時制・通信制の3つの課程と普通科・専門学科・総合学科の3つの学科の種別があり、それらの組合せによる学校タイプのほか、今日も増えつつある中高一貫の学校タイプをも含めると、後期中等教育の学校は生徒の学力のみならず個性の伸長や進路希望等に応じて多様性に富む学校の設置が認められる。そうした状況を考えると、各高等学校ではこれまでも生徒や地域等の実情に応じ設置目的に照らして学校教育目標を定め、その目標を実現するための教育課程を独自に編成して、それに基づいて授業等の教育活動を行って高校教育を実現してきた。

【学校教育法に規定された高等学校の目的・目標】

（第50条）高等学校は、中学校における教育の基礎の上に、心身の発達及び進路に応じて、高度な普通教育及び専門教育を施すことを目的とする。

（第51条）高等学校における教育は、前条に規定する目的を実現するため、次に掲げる目標を達成するよう行われるものとする。

一　義務教育として行われる普通教育の成果を更に発展拡充させて、豊かな人間性、創造性及び健やかな身体を養い、国家及び社会の形成者として必要な資質を養うこと

二　社会において果たさなければならない使命の自覚に基づき、個性に応じて将来の進路を決定させ、一般的な教養を高め、専門的な知識、技術及び技能を習得させること

三　個性の確立に努めるとともに、社会について、広く深い理解と健全な批判力を養い、社会の発展に寄与する態度を養うこと

ここにこそ、小・中学校とは大きく異なる、高等学校ならではのカリキュラム・マネジメントの特性がある。

高等学校のカリキュラム・マネジメントは、課程・学科の別による学校タイプの特性のみならず、2016年中教審答申に指摘された社会で生きていくために必要となる力を共通して身に付けるた

めの「共通性の確保」と、生徒一人ひとりの進路等に応じた多様な可能性を伸ばす「多様性への対応」に配慮したカリキュラム開発（教育課程編成を含む）に基づいて、教育実践に向けた環境を整える条件整備のプロセスを経て取り組まれるものである。小・中学校では、学校教育法にある義務教育の目標（同法第21条）に基づく教育を行うとともに、今回の改訂にある教科等横断的な視点に立って資質・能力を育成していくことになる。後者に関しては高等学校も同様であり、教科等横断的な視点に立って計画し実施していくことが求められている。その際、生徒の発達の段階や学校・地域の実態等に応じて計画し準備をしていくことも小・中学校と同様である。

しかしながら、高等学校では前掲の学校教育法第50条・第51条にもあるとおり、中学校の教育の基礎のうえに立った高度な普通教育と専門教育を施すことを目的に、とりわけ個性に応じて将来の進路決定に向けた一般的な教養を高め、専門的な知識、技術及び技能を習得させ、更には個性の確立に努め、社会に寄与する態度を養うために、社会について広く深い理解と健全な批判力を養うことに基づき、生徒の学習ニーズや進路目標に応じた教育を行わなければならない。高等学校が現実に抱える課題としては、「中学校の教育の基礎の上」に立った教育を実際に行うにあたり、学力の習得状況をはじめ円滑で良好な人間関係を築き、また豊かな社会性・道徳性の育成など、中学校までに達成する目標とされる教育の実際の達成状況が、各高等学校で入学生徒の実態により異なり、毎年の生徒理解が重要であり、その状況分析に応じて指導等の改善をきめ細かく行う必要がある。また、そのうえで単位制や科目選択制など、高等学校の教育課程編成等の特性をいかしたカリキュラム・マネジメントを円滑かつ的確に行っていくことが求められる。

そのため、高等学校では、生徒それぞれの学習や進路等に配慮した科目や類型等の選択のサポートを、カリキュラム・マネジメントの各段階で適切かつ効果的に行うことのできる機能も、しっかりと準備対応していくという特有のものがある。これらの点を高等学校のカリキュラム・マネジメントの特性として意識し、また深く理解して取り組む必要がある。本書では、これまであまり高等学校に特化して言及されてこなかったこれらの視点を踏まえて、学習指導要領の記述内容から順にみていくことにする。

改訂告示された高等学校学習指導要領では、「カリキュラム・マネジメント」について次のように説明されている。

> 各学校においては、生徒や学校、地域の実態を適切に把握し、教育の目的や目標の実現に必要な教育の内容等を教科等横断的な視点で組み立てていくこと、教育課程の実施状況を評価してその改善を図っていくこと、教育課程の実施に必要な人的又は物的な体制を確保するとともにその改善を図っていくことなどを通して、教育課程に基づき組織的かつ計画的に各学校の教育活動の質の向上を図っていくこと（以下「カリキュラム・マネジメント」という。）に努めるものとする。
>
> （第1章　総則　第1款「高等学校教育の基本と教育課程の役割」の5としての記載）

今回、まず各学校が整理しておく課題は、これまでの教育課程の編成から授業等での実施、その後の教育課程や授業等の点検・評価の検証とその成果に基づく改善への取組という一連の流れを、「カリキュラム・マネジメント」というスケールで見直し、機能性を高め、確実に定着させることである。かつて学校経営の裁量権限の拡大と各学校の自主的・自律的な学校経営の方向が示唆された1998（平成10）年9月の中教審答申「今後の地方教育行政の在り方について」の公表、そして同年12月改訂告示の学習指導要領による「総合的な学習の時間」の創設などを背景に、各学校は主体的で独自のカリキュラムづくりが求められ、これを起点に学校のカリキュラムあるいはカリキュラムづくりということが、戦後の教育改革におけるカリキュラム運動以来の脚光をあびる動きとなった。それ以降、「カリキュラム・マネジメント」の用語が学識者（中留武昭氏）によって提唱され、中教審答申や独立行政法人教員研修センターでの「カリキュラム・マネジメント指導者養成研修」の開講などを経て、全国的に広まっていった。

今回の改訂では、その本文に「カリキュラム・マネジメント」が明記されたことで、改めて各学校に対して教育課程を編成し、それを実施して、評価し、改善していくことの重要性を求めていることに注目する必要がある。けれども、これまでの「カリキュラム・マネジメント」提唱の経緯から見ると、管理職が学校経営（スクール・マネジメント）の一環として取り組むものであり、教員個々が取り組むものでないという意識がある。それらを払拭して、学校全体で授業レベルから教育活動全般のカリキュラム・マネジメントとしてパラダイム転換を図るほどのイノベーションに着手するものでなければ、高校改革は進まないと理解している。

そのことはまた、従前の教育課程編成の在り方にもうかがえる。学習指導要領が改訂告示されると、その内容を受けて各学校では新たな教育課程を編成（厳密にいえば教育課程表を編成）する。教育課程は一度編成されると学習指導要領の一部改正の変更等がなければ、多くの学校では編成した教育課程を見直し、改善することは極めて稀である。編成された教育課程のもとで、学校全体での学力向上や授業改善に向けての取組として、教員個々が指導や評価の方法の工夫・改善を行うレベルでこれまで取り組まれてきたといえる。

そうした長年の独特な雰囲気を一掃するには、「教育課程」の用語にまつわる呪縛から逃れ、「カリキュラム」の用語ベースの転換を伴って、今回の「カリキュラム・マネジメント」を学校に定着させなければ、パイロット校での実践に倣うだけの、形式的な導入にとどまるのではという危惧を抱く。各高等学校において「カリキュラム・マネジメント」が毎年の積み重ねにより学校・教職員に根付くようになるには、やはり「カリキュラム」という用語を使って学校全体のカリキュラムを開発する視点、それを運用するカリキュラム・マネジメントの視点、そして開発したカリキュラムを改善する視点ととらえ直す必要があると、筆者は論及していきたい。

本書では、学校のカリキュラムとして、計画され実施と評価を通じて改善されて練り上げられた状況を広義のカリキュラム開発としてとらえる。そして、計画段階のみの状況を、狭義のカリキュラム開発として使い分けている。これまでの理解では、計画づくりのレベルがカリキュラム開発としてとらえられる傾向にあった。このことは、「教育課程」が編成等、計画づくりのレベルを意味していたことに起因するものといえる。

さらに加えれば、学校のカリキュラム開発は、これまで多くの取組実績を有する学校の視察や研究開発を進める学校の公開研究会に参加してモデル情報を収集する、いわばカリキュラム研究の視点が存続し、このことが今後の学校でのカリキュラム開発やカリキュラム・マネジメントにとって、まさにシンクタンク機能として中枢に位置づけられるものとなる。文科省指定の研究開発学校等の取組を見ても、学校のカリキュラムは、生徒や地域、そして学校の実情等を踏まえ、現状の検証のためのエビデンス（論拠）となるデータに基づいて開発を進め、学校教育目標に照らした教育活動の全体を意図的・組織的・計画的に顕在化できるものとして整理し、教育実践を通じて得た、潜在化した教育の成果や効果（生徒文化、学校文化、地域社会の中での文化的資本等）をも見とりながら、よりよい教育を提供する改善にも取り組み、まさにカリキュラム・マネジメントの機能を有効に働かせた教育基盤となっている。

今回の改訂告示された学習指導要領に基づき、各高等学校においても新たなカリキュラム開発の時期を迎えたことになる。そして、カリキュラム・マネジメントは、各学校にとって開発したカリキュラムを実際に運用して教育目標を達成していく営みとしての機能を有するものである。カリキュラムは内容別にその構造面から見ると、授業レベルが根本にあり、次に教科レベル、教科横断レベル、学年（年次）レベル、学校全体レベルと、縦断性や横断性を有するなど各レベルの特性が理解できる。それを図解すると次のようになる。

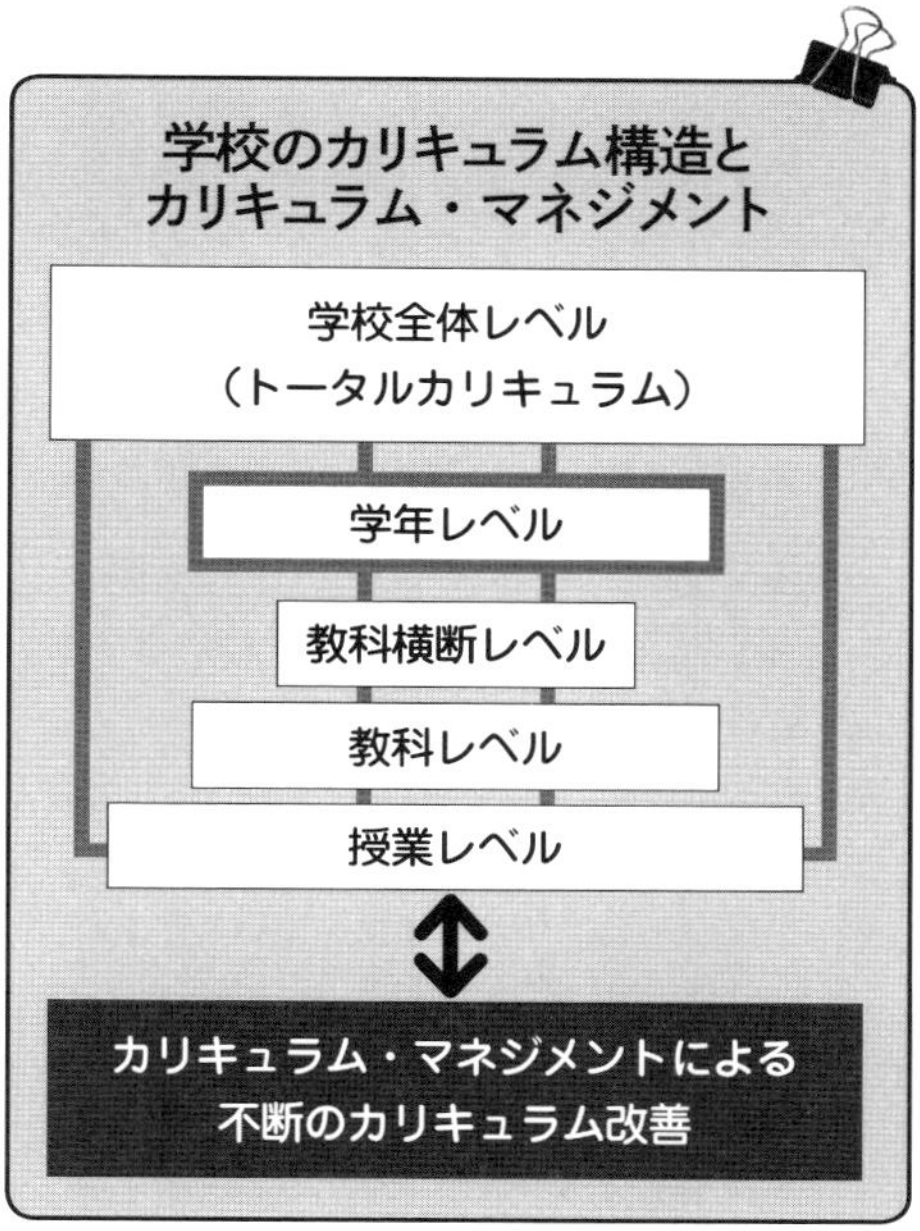

今回改訂では、カリキュラム開発とカリキュラム・マネジメントの中核をなすのは、「総合的な探究の時間」である。本領域は、学習者である生徒に、社会で求められている資質・能力を学校全体でトータルに育成していくことのできるカリキュラムを開発するにあたっては、教科等横断的な視点に立ち、各教科・科目や特別活動の領域のヨコ軸の連携性・つながりを強化する上で大切な時間となる。さらに、学習指導要領解説にもあるとおり、学年（年次）間のタテ軸の系統性・つながりを明確にするうえでは、カリキュラムのコアとして重要な役割を担っている。そのことを具現化し、実施に向けて組織体制や条件整備などに円滑に取り組むうえで、まさにカリキュラム・マネジメントが、そのキーステーションになっているといえる。

さらに学校にとっては、入学から卒業まで基本的に全日制普通科であれば3年間を1クールとしてその教育効果を検証するなどして、カリキュラム・マネジメントをいかしたカリキュラムの改善に取り組むことになる。年度単位では、カリキュラム・マネジメントによる評価をいかして、概ね単元指導の順序性や教材等の指導資料、さらには「主体的・対話的で深い学び」を実現するための学習活動の工夫・改善など、もっぱら指導に関する授業レベルから教科横断レベルでの改善につなげていくことが求められる。

高等学校では毎年入学してくる生徒の実情等をしっかりとらまえ、前年度入学の生徒との比較等を通じて、生徒の学習や進路等のニーズに応じた細やかな改善も、実際は学年レベルで入学当初の早い時期に指導改善が可能なものを見いだし、対応を図っていくことが重要である。こうした取組ができている高等学校は、筆者の管見だが数少ない状況にある。しかし、高等学校の中には、教員個々の指導スキルやカリキュラム・マネジメントの機能性をいかし、また得意分野の取組に専念する役割分担が教員間に上手く根付き、協働性を発揮している組織的・計画的で機動性のある動きもうかがえる。まさに、ボトム・アップのカリキュラム・マネジメントを体現しているのである。

もう少し付け加えると、そうした学校では、カリキュラム研究に力を注ぐ教員、企画・計画を得意とする教員、学校外の地域の教育資源を上手く活用できる教員、カリキュラム評価に資するデータの確保と分析を通じてエビデンスに基づく検証に精通している教員、さらには学校のカリキュラム全体を俯瞰でき、新たなカリキュラム開発の見通しが利く教員など、計画的にそうした人材を育成し、全教員の創意を重視したスクール・マネジメントにおけるカリキュラム・マネジメントを先導するなど、教員と一体化して取り組める管理職が、教員の意欲を喚起し、下支えしているのである。そうした高等学校をどのようにして創っていくのか、管理職は専門的な資質・能力を個々に秘めている教員の特性を熟知し、それぞれの個性と能力を生かした育成に常に力を入れながら、教職員が総がかりで協働できる学校の職場づくりと環境整備を進めていく役割を自覚し、遂行する必要がある。

各学校におけるカリキュラム・マネジメントの確立に向けて、2016年中教審答申では次の3つの側面からとらえ整理している。（以下、特に断りがない場合は波線は筆者による）

① 各教科等の教育内容を相互の関係で捉え、学校教育目標を踏まえた教科等横断的な視点で、その目標の達成に必要な教育の内容を組織的に配列していくこと。
② 教育内容の質の向上に向けて、子供たちの姿や地域の現状等に関する調査や各種データ等に基づき、教育課程を編成し、実施し、評価して改善を図る一連のPDCAサイクルを確立すること。
③ 教育内容と、教育活動に必要な人的・物的資源等を、地域等の外部の資源も含めて活用しながら効果的に組み合わせること。

これら3つの側面を学校において、いかに機能性を発揮して具現化することができるかが、カリキュラム・マネジメントの確立を判断するうえでのポイントとなる。

前記①で筆者が波線を引いた箇所は、従前の教科等や学年・校務分掌の縦割り主義での取組から脱却し、横断的な組織体制において対話や議論を通じて学校教育目標の達成に向けて必要な内容を協働的に取り組むことができるかにかかっている。

また②で波線を引いた箇所のうち、前者の波線は調査に基づく根拠データを確保しそれをエビデンスとして教育課程編成やカリキュラム開発がなされていることを示唆している。また後者の波線を引いた箇所はPlan・Do・Check・ActionのいわゆるPDCAサイクルによるカリキュラム・マネジメントの実践が確立できているかにかかっている。

最後に③で波線を引いた箇所は、カリキュラム・マネジメントが円滑かつ効果的に実践できる環境を整備しているかを示唆している。

これら3つの側面の整備が各学校に求められているところ（その学校の整備を支援する、教育行政機関の役割が重要）であり、これらの機能性が高まることで、これからの時代に求められる資質・能力を確実に育んでいくことのできる学校として注目が集まるものと考える。このことを学校が実現にするにはカリキュラム開発のノウハウをはじめ、調査研究の成果や情報データを蓄積したシンクタンク機能の充実を図るカリキュラム研究を日頃から校内に根付かせることも重要であると考える。各学校ではカリキュラム研究に基づいて、今回の改訂で求められているカリキュラム開発とカリキュラム・マネジメント、そして授業レベルでの「主体的・対話的で深い学び」を実現する指導面での工夫を通じた授業改善との三位一体で取り組んでいくことが基調となる。それらの取組についてすべての教職員が主体的・積極的にかかわることを通じて、高校教育の質向上の成果につながる、魅力あふれる高等学校づくりを進めることになるものと考える。

各学校においては、今回の改訂告示を受けて、もう1つ整理しておくべき課題がある。それは

「教育課程」と「カリキュラム」という用語である。後章で詳しく述べるが、学習指導要領で長年使用されてきた「教育課程」という用語には、「学校において編成する教育課程」とか「総合的に組織した各学校の教育計画」といった表記や解説が見られる。したがって、学校が意図的、組織的、計画的に実施する教育内容や教育計画の意味合いを強く有する用語として一般的にとらえられ、使用されてきた。

ところが近年では、「教育課程」が、「教育課程の編成・実施」といったように、計画的な意味性を強く示す「教育課程編成」以外に、「教育課程の実施」といった授業等の教育活動などを指す実践的な意味合いを有する表現としてとらえられるようになっている。さらに新学習指導要領の「解説」においても「教育課程の評価・改善」とまで表記され、「教育課程」として計画、実施、評価、改善を含む、言い換えれば「カリキュラム」と同じような意味合いにまで引き上げられたともいえる。これまでの学校教育の歴史的変遷からも、「カリキュラム」は計画的な意味性の強い「教育課程」という用語を内包する、より広義な意味性を有するものとしてとらえられてきた傾向にある。それは「カリキュラム」という用語が、学校教育の全体を通じて、顕在的なカリキュラムのみならず潜在的なものをも内包するものとしてとらえられ、学校での生徒の学習経験の総体としてダイナミックな表現として扱われてきたことに他ならない。これからの学校教育では、各学校で「教育課程」と「カリキュラム」の用語のとらえ方と使い方の整理を行い、教職員全体で共通理解を図ってから新学習指導要領への移行に取り組んでいくことが重要である。

以上の問題意識が本書を貫いている。筆者は、高等学校におけるカリキュラムの研究・開発を踏まえた計画、実施、評価、改善に至るカリキュラム・マネジメントの実践面を中心に、これまでの教職経験と教育委員会での指導行政経験をいかして本書の執筆にあたった。本書が各高等学校において、生徒や地域等にとって魅力あふれる、独自性を放つカリキュラム開発とカリキュラム・マネジメントの実現に、少しでも寄与できれば望外の喜びである。

第１章

カリキュラム開発と高校教育をめぐる情勢

◆新学習指導要領の普及・周知

２０１８（平成30）年3月30日に告示された高等学校学習指導要領（以下、新学習指導要領）は、その附則にある規定のとおり、２０２２年4月1日から施行され、同日以降高等学校の第1学年に入学した生徒（単位制による課程にあっては、同日以降入学した生徒（学校教育法施行規則第91条の規定により入学した生徒で同日前に入学した生徒にかかる教育課程により履修するものを除く）にかかる教育課程及び全課程の修了の認定から適用される。

２０１８年7月、文科省は、全国の教育委員会事務局の指導主事や高等学校教育の関係者等を対象に中央説明会を開催して改訂内容の詳細な説明を行い、その際の提示資料をホームページに公開するとともに、新学習指導要領の総則・教科等領域の解説を公表した。公立の高等学校では教育委員会を通じて学校教職員への伝達が行われ、また国立や私立の高等学校においても文科省から関係機関を通じて理解を深め、各学校ではそれらを受けて新しいカリキュラムへの移行に備えていくことになった。

高等学校には、生徒一人ひとりの学習ニーズ、進路選択、そして地域や社会の現状や未来への予測を踏まえて、各学校が育みたい生徒像を明確にすることが、まずは求められる。そして、課程や学科に応じた設置趣旨、教科・科目等領域の広さや科目等の学習内容の選択、履修と単位修得の原則等を生かしながら、これからの時代に求められる資質・能力を生徒に教育していくことが求められている。

こうした特性をもつ高等学校のカリキュラムの在り方としては、2016年の中教審答申において次に示されたような点が特に重要となる。そして、生徒本位とする、いわばステューデント・ファーストの高校教育の追求こそ、高校教育の特性ともいえる。

「高等学校の教育課程の在り方については、各学校が、社会で生きていくために必要となる力を共通して身に付ける「共通性の確保」の観点と、一人一人の生徒の進路に応じた多様な可能性を伸ばす「多様性への対応」の観点を軸としつつ、育成を目指す資質・能力を明確にし、それらを教育課程を通じて学んでいくことが重要である」

このように、育成をめざす資質・能力を明確にし、「共通性の確保」と「多様性への対応」に配慮したカリキュラム開発（教育課程編成を含む）を具現化して、教育にあたれるものにすることが重要である。

この点を踏まえれば、カリキュラム開発のアプローチとしては、開発されたカリキュラムとそれに基づく教育を通じて、「何を学ぶか」「どのように学ぶか」「何が身に付いたか」「子どもの発達をどのように支援するか」、そして「実施するために何が必要か」を計画することにある。さらに、学習者である生徒が「何ができるようになるか」を追い求められる、十分な検討が必要である。その計画をはじめとする、実施から評価・改善の一連の流れをいかして、各学校が教育活動の質的向上を図っていくことが、まさにカリキュラム・マネジメントということになる。

そこで、今回の学習指導要領改訂の考え方を整理した次の図の理解に基づき、文科省が中央説明会で用いた新学習指導要領改訂の方向性と、「総則」の構成を図解した、２つの資料を紹介しておくことにする。

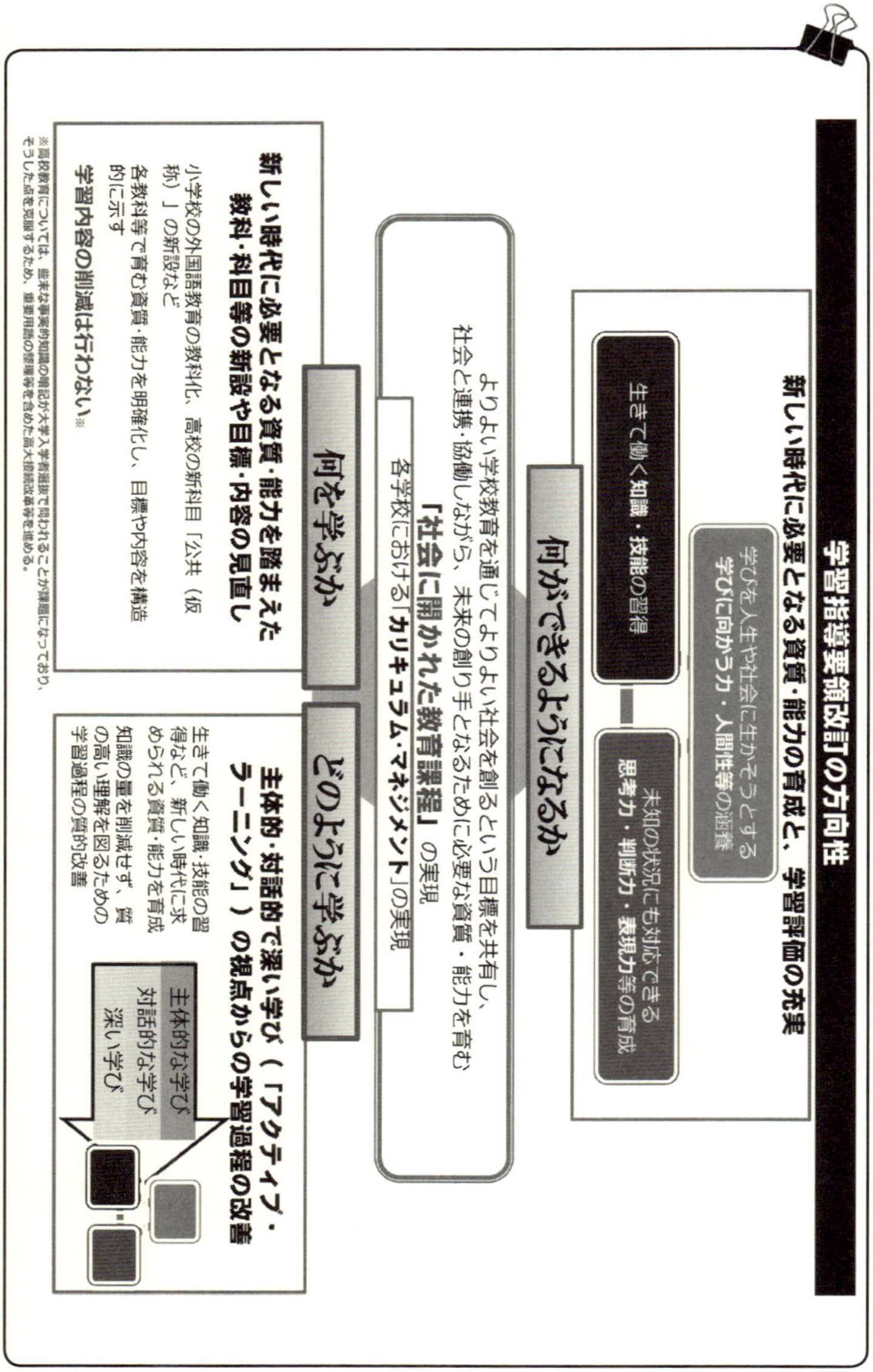

高等学校学習指導要領（平成30年3月30日公示）における「カリキュラム・マネジメント」に関する記述

総則

高等学校学習指導要領
第1款　高等学校教育の基本と教育課程の役割

5　各学校においては，生徒や学校，地域の実態を適切に把握し，教育の目的や目標の実現に必要な教育の内容等を教科等横断的な視点で組み立てていくこと，教育課程の実施状況を評価してその改善を図っていくこと，教育課程の実施に必要な人的又は物的な体制を確保するとともにその改善を図っていくことなどを通して，教育課程に基づき組織的かつ計画的に各学校の教育活動の質の向上を図っていくこと（以下「カリキュラム・マネジメント」という。）に努めるものとする。

第6款　学校運営上の留意事項
1　教育課程の改善と学校評価，教育課程外の活動と連携等

ア　各学校においては，校長の方針の下に，校務分掌に基づき教職員が適切に役割を分担しつつ，相互に連携しながら，各学校の特色を生かしたカリキュラム・マネジメントを行うよう努めるものとする。また，各学校が行う学校評価については，教育課程の編成，実施，改善が教育活動や学校運営の中核となることを踏まえ，カリキュラム・マネジメントと関連付けながら実施するよう留意するものとする。

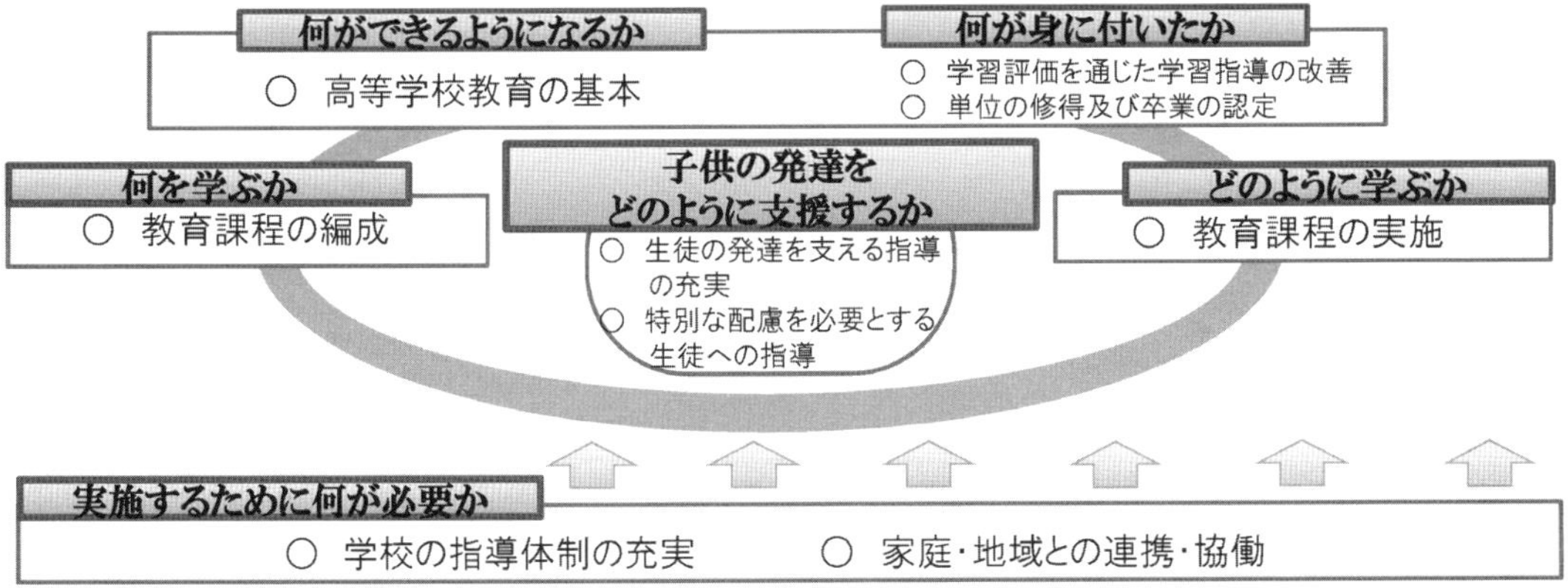

高等学校学習指導要領（平成30年3月30日公示）における「第１章　総則」の構成

高等学校学習指導要領
前　文
第1章　総　　則
第1款　高等学校教育の基本と教育課程の役割　何ができるようになるか
1　教育課程編成の原則
2　生きる力を育む各学校の特色ある教育活動の展開
　（１）確かな学力
　（２）豊かな心
　（３）健やかな体
3　育成を目指す資質・能力
4　就業やボランティアにかかわる体験的な学習の指導
5　カリキュラム・マネジメントの充実
第2款　教育課程の編成　何を学ぶか
1　各学校の教育目標と教育課程の編成
2　教科等横断的な視点に立った資質・能力の育成
　（１）学習の基盤となる資質・能力
　（２）現代的な諸課題に対応して求められる資質・能力
3　教育課程の編成における共通的事項
　（１）各教科・科目及び単位数等
　（２）各教科・科目の履修等
　（３）各教科・科目等の授業時数等
　（４）選択履修の趣旨を生かした適切な教育課程の編成
　（５）各教科・科目等の内容等の取扱い
　（６）指導計画の作成に当たって配慮すべき事項
　（７）キャリア教育及び職業教育に関して配慮すべき事項
4　学校段階等間の接続
　（１）中学校教育との接続及び中等教育学校等の教育課程
　（２）義務教育段階での学習内容の確実な定着を図る工夫
　（３）高等学校卒業以降の教育や職業との円滑な接続を図る工夫
5　通信制の課程における教育課程の特例
　（１）・（２）添削指導の回数及び面接指導の単位時間数の標準
　（３）理数に属する科目及び総合的な探究の時間の添削指導の回数等
　（４）面接指導の授業の１単位時間
　（５）ラジオ・テレビ放送その他の多様なメディアを利用して行う学習による面接指導時間数の免除
　（６）特別活動の指導時間数

第3款　教育課程の実施と学習評価　どのように学ぶか、何が身に付いたか
1　主体的・対話的で深い学びの実現に向けた授業改善
　（１）主体的・対話的で深い学びの実現に向けた授業改善
　（２）言語環境の整備と言語活動の充実
　（３）コンピュータ等や教材・教具の活用
　（４）見通しを立てたり、振り返ったりする学習活動
　（５）体験活動
　（６）学校図書館、地域の公共施設の利活用
2　学習評価の充実
　（１）指導の評価と改善
　（２）学習評価に関する工夫
第4款　単位の修得及び卒業の認定　何が身に付いたか
1　各教科・科目及び総合的な探究の時間の単位の修得の認定
　（１）単位の修得の認定
　（２）総合的な探究の時間の単位の修得の認定
　（３）各教科・科目の単位数の配当
2　卒業までに修得させる単位数
3　各学年の課程の修了の認定
第5款　生徒の発達の支援　子供の発達をどのように支援するか
1　生徒の発達を支える指導の充実
　（１）ホームルーム経営、生徒の発達の支援
　（２）生徒指導の充実
　（３）キャリア教育の充実
　（４）生徒の特性等の伸長と学校やホームルームでの生活への適応、現在及び将来の生き方を考え行動する態度や能力の育成
　（５）指導方法や指導体制の工夫指導など個に応じた指導の充実
　（６）学習の遅れがちな生徒の指導における配慮事項
2　特別な配慮を必要とする生徒への指導
　（１）障害のある生徒などへの指導
　（２）海外から帰国した生徒などの学校生活への適応や、日本語の習得に困難のある生徒に対する日本語指導
　（３）不登校生徒への配慮
第6款　学校運営上の留意事項　実施するために何が必要か
1　教育課程の改善と学校評価，教育課程外の活動との連携等
2　家庭や地域社会との連携及び協働と学校間の連携
第7款　道徳教育に関する配慮事項

高等学校学習指導要領の改訂に伴う移行措置の概要

1．移行期間における基本方針

新高等学校学習指導要領への円滑な移行のため、移行期間（平成31年４月１日から新高等学校学習指導要領が適用されるまでの間）においては、教科書等の対応を要しない場合など可能な範囲で、新高等学校学習指導要領による取組を推進していく。

特に、「知識及び技能」、「思考力、判断力、表現力等」、「学びに向かう力、人間性等」をバランスよく育成することを目指す新学習指導要領の趣旨を十分に踏まえて指導されるようにする。

2．移行措置の内容

(1)　総則

新高等学校学習指導要領によることが適さない事項を除き、新高等学校学習指導要領による。

(2)　各教科等

①総合的な探究の時間及び特別活動

・総合的な探究の時間

→ 従来の「総合的な学習の時間」を「総合的な探究の時間」に改め、新高等学校学習指導要領による。

・特別活動

→ 新高等学校学習指導要領による。

②指導内容の変更などにより特例を定める教科

・地理歴史、公民

→新高等学校学習指導要領の領土に関する規定を適用する。

・家庭

→新高等学校学習指導要領の契約の重要性及び消費者保護の仕組みに関する規定の事項を加えて指導する。

③新高等学校学習指導要領によることができることとする教科

・保健体育、芸術、福祉、体育、音楽、美術

→ 新高等学校学習指導要領によることができる。

※ 福祉には、科目「福祉情報」を加える。

（注）特例の適用時期及び対象について
移行期間中の教育課程の特例については、基本的に、平成31年度以降、在籍する全ての生徒に適用する。ただし、総合的な探究の時間に関する特例については平成31年度以降に高等学校に入学した生徒に適用し、家庭に関する特例については平成30年度以降に高等学校に入学した生徒に適用することとする。

また２０１８年８月31日には、「高等学校学習指導要領の改訂に伴う移行措置並びに移行期間中における学習指導等について（通知）」が文部科学事務次官名で発出された。これにより、次のような移行期間中の実施前倒しによる取組の概要が整理され、周知されたことになる。

高等学校の移行措置期間の内容と対象生徒

【2019年4月以降在籍生徒全員対象】 *2019年度から対応

◆特別活動

◆地理歴史〔領土に関する規定〕

【2019年4月以降で新学習指導要領実施が可能な教科】

◆保健体育、芸術、福祉、体育、音楽、美術

◆教科福祉の科目「福祉情報」

【2018年度入学生以降の生徒対象】 *2019年度から対応

◆家庭〔契約の重要性及び消費者保護の仕組みに関する規定〕

【2019年度入学生以降の生徒対象】 *2019年度から対応

◆総合的な探究の時間

↓

2022年4月高校入学生より新学習指導要領の実施

◆全日制の３年在籍の高校では全面移行に2024年度までを要し、また定時制の４年在籍を基本とする高校では全面移行に2025年度までを要することになる。

この通知が発せられたことで、各高等学校では、移行期間の基本方針や移行措置の内容を踏まえてカリキュラム開発のスケジュールを策定し、実施に向けた準備と段取りを進めていくことになる。また２０１８年９月以降、同年末までに学習評価の方向性も公表され、あわせて新学習指導要領の解説もコンプリートされるところとなる。こうしたプロセスを経て、各高等学校では、新学習指導要領への移行とその実施に向けたカリキュラム開発を起点とした本格的なカリ

キュラム・マネジメントを稼働させる、スタート場面を迎えることになる。移行措置期間から実施年度までの取組内容を時系列で見すえ、整理しておくことも各学校では大切である。その参考になるよう、次節を用意した。

新学習指導要領への対応スケジュール

２０２２年4月に高等学校に入学する生徒から、新学習指導要領に基づく高校教育がスタートすることになる。前述のとおり、文科省より高等学校学習指導要領の改訂に伴う移行措置も公表され、移行に向けた詳細な日程も提示されたことで、各学校並びに教育委員会等の教育行政機関では綿密な準備計画を立案して、移行への取組を加速させることになる。

高等学校の中には、２０１６年中教審答申が公表された前後から、すでに次期の学習指導要領の改訂の方向性や内容などを分析・検討し準備を始めたところも少なからず見られ、校内研修や学校研究が活発化した状況もうかがえた。

さて、新学習指導要領が告示され、文科省による中央説明会そして移行措置の公表が行われたことで、全国の高等学校はどのようなスケジュールを想定し、いかなる計画性をもって具体的な準備を進めていく予定であるのか。この点については、学校ごとにさまざまな見解がうかがえる。このことについて筆者は、２０１６年12月の時点で概ねのスケジュール・イメージを紹介したところである（「月刊高校教育」２０１７年１月号、学事出版）。その時点からさらに明確になった日程等を踏まえて、改めて主なものを整理すると次のような事項を指摘できる。

年度	国の動向等	高等学校の対応（●は教育行政機関・法人対応）
２０１７	◆「大学入学共通テスト」（現行の学習指導要領）の試行調査実施 ◆新高等学校学習指導要領の告示（２０１８年３月）	○現行学習指導要領での教育評価・カリキュラム検証（現行の教育課程編成に基づく授業等教育指導のデータや生徒意識調査等の結果分析。エビデンスの確保） ○新学習指導要領の内容理解と関係情報の収集・分析 ●現行学習指導要領での高校教育の現状と課題の整理及び検証 ●新学習指導要領への移行に向けた教育指導行政の対応準備と啓発
２０１８	◆新高等学校学習指導要領の内容等の説明及び普及・周知 ◆移行措置の公表 ◆学習評価の改善内容の公表（観点別評価の重視の改善） ◆「大学入学共通テスト」（現行の学習指導要領）の試行調査実施	○新学習指導要領に基づくカリキュラム開発のスケジュール検討 ○改訂内容の理解を図る校内研修 ○カリキュラム開発・教育課程編成の基本方針と対応組織の検討 ○カリキュラム開発・教育課程編成にかかるフレームワークの設定と校内組織での検討 ○「総合的な探究の時間」などの２０１９年度移行措置対応の教科等領域の年間指導計画の策定 ●新学習指導要領伝達講習会（管理職、教職員対象、関係資料配付） ●教育課程指導資料の作成・配付 ●２０１９年度移行措置対応の学校の予算・必要人員の確保 ●移行措置の対応方針の学校周知 ●「総合的な探究の時間」等２０１９年度移行措置対応の教科等領域の年間指導計画の作成・提出にかかる指導

2019	◆移行措置に伴う改訂内容の一部先行実施 ◆「高校生のための学びの基礎診断」の利活用推進 ◆「大学入学共通テスト」（現行の学習指導要領）に関する「実施大綱」の策定・公表	○「総合的な探究の時間」等2019年度移行措置対応の教科等領域の年間指導計画に基づく指導 ○学校全体での社会で求められる資質・能力の育成に向けた指導改善の取組と校内研修の充実 ○カリキュラム開発（教育課程編成を含む）とカリキュラム・マネジメントの始動と案づくり ●2022年以降新学習指導要領に伴う教育課程編成の管理職説明及び指導担当者講習 ●教科等領域別指導担当者講習 ●2020年度移行措置対応の学校の予算・必要人員の確保
2020	◆小学校学習指導要領の全面実施 ◆高等学校教科書検定 ◆東京オリンピック・パラリンピックの開催 ◆「大学入学共通テスト」（現行の学習指導要領）に関する「実施要項」の策定・公表 ◆「大学入学共通テスト」（現行の学習指導要領）の実施	○2022年度入学生の教育課程編成報告書の作成・提出 ○2022年度新学習指導要領の実施に伴うカリキュラム・マネジメントにかかる人的・物的な環境整備と必要経費積算書の作成・提出 ○新学習指導要領対応の教科書の調査・検討 ●2020年度移行措置に伴う予算と人員の学校配当 ●2022年度新学習指導要領に伴う教育課程編成の提出・確認・承認 ●2022年度以降の新学習指導要領の実施に伴う学校の予算確保と人員の適正配置に向けての調査

２０２１	◆中学校学習指導要領の全面実施 ◆新学習指導要領に対応した「大学入学共通テスト」に関する「実施大綱」の予告	○２０２２年度入学予定者広報活動（新カリキュラムの提示・周知） ○２０２２年度入学生教科書の選定 ○２０２２年度入学生対応年間指導計画及び教科等領域の指導準備 ●２０２１年度移行措置に伴う予算と人員の学校配当 ●２０２２年度入学生教科書採択業務 ●２０２２年度新学習指導要領に伴う学校教職員向け教育課程説明会 ●２０２２年度新学習指導要領の実施に伴う学校の予算確保と人員の適正配置に関する業務
２０２２	◆高等学校学習指導要領の入学学年より実施（年次進行移行）	○２０２３年度入学予定者広報活動（新カリキュラムの提示・周知） ○２０２３年度１、２年教科書の選定 ●２０２２年度新学習指導要領の実施に伴う予算と人員の学校配当 ●２０２３年度教科書採択業務 ●２０２３年度新学習指導要領に伴う学校教職員向け教育課程説明会 ●２０２３年度新学習指導要領の実施に伴う学校の予算確保と人員の適正配置に関する業務
２０２３	◆高等学校学習指導要領の２学年までの実施 ◆新学習指導要領に対応した「大学入学共通テスト」に関する「実施大綱」の策定・公表	○２０２４年度入学予定者広報活動（新カリキュラムの提示・周知） ○新学習指導要領に対応した「大学入学共通テスト」対応のガイダンス ○２０２４年度１～３年教科書の選定 ○２０２５年度入学生からのカリキュラム及び教育課程編成の内容改善の検討（データに基づく検証）

		●２０２３年度新学習指導要領の実施に伴う予算と人員の学校配当 ●２０２４年度教科書採択業務 ●２０２４年度新学習指導要領に伴う学校教職員向け教育課程説明会 ●２０２４年度新学習指導要領の実施に伴う学校の予算確保と人員の適正配置に関する業務 ●新学習指導要領に対応した「大学入学共通テスト」に関する指導担当者説明会
２０２４	◆高等学校学習指導要領の３学年までの実施（全日制全面実施） ◆新学習指導要領に対応した「大学入学共通テスト」の実施	○新学習指導要領に対応した「大学入学共通テスト」への指導・支援の対応 ○新学習指導要領に対応したカリキュラム評価（データ確保と改善案の整理） ○２０２５年度入学生からのカリキュラム及び教育課程編成の内容改善に向けた決定と改善内容の広報・周知 ●２０２４年度新学習指導要領の実施に伴う予算と人員の学校配当 ●２０２２年度からの３年間の新学習指導要領の移行にかかる学校教育・教育行政の現状と課題の整理及び検証 ●２０２５年度教科書採択業務 ●２０２５年度新学習指導要領に伴う学校教職員向け教育課程説明会（検証と改善に関する指導） ●２０２５年度新学習指導要領の実施に伴う学校の予算確保と人員の適正配置に関する業務

◆カリキュラム開発の視点に立った新たな動き

各高等学校では、すでに新学習指導要領への対応に向けて準備・検討を加速しているところがある一方で、どのような手順でいかに取り組んでいくか、既設のカリキュラム委員会等の組織で検討を行っているところなど、さまざまな進捗状況にある。今回改訂は、文科省ホームページに掲載されている「高等学校学習指導要領の改訂のポイント」を見てもわかるように、前回改訂時と比較すると、質・量ともに改訂に伴う対応内容が多い。これに加えて、学習評価に関して今後、従前の4観点による観点別学習状況の評価が、学力の3要素に対応して3観点（知識及び技能、思考力・判断力・表現力等、主体的に学習に取り組む態度）に整理・変更されることや、学習状況の評価と評定の在り方などの方向性が、改善される内容として公表されれば、それへの対応も必然的に加わることとなる。

また、社会で求められる資質・能力の育成等に向けて、教科・科目での「主体的・対話的で深い学び」となる指導と学習活動を展開できる授業が、各高等学校の教職員に求められている。学校教育全体で取り組んでいくうえで、「総則」の中の「教育課程の編成」の項目に新たに「教科等横断的な視点に立った資質・能力の育成」が記載され、まずはこの点に注目する必要がある。次に、それらを具体的に指導していく場面として、今回の改訂では教科・科目で身に付けた資質・能力を活用して、探究的な学習活動を展開する時間として、これまでの「総合的な学習の時間」が領域名称も改称されて「総合的な探究の時間」として改めて位置づけられたことである。学習指導要領の中で総合的な探究の時間は、次のような目標が掲げられている。

探究の見方・考え方を働かせ、横断的・総合的な学習を行うことを通して、自己の在り方生き方を考えながら、よりよく課題を発見し解決していくための資質・能力を次のとおり育成することを目指す。

(1) 探究の過程において、課題の発見と解決に必要な知識及び技能を身に付け、課題に関わる概念を形成し、探究の意義や価値を理解するようにする。

(2) 実社会や実生活と自己との関わりから問いを見いだし、自分で課題を立て、情報を集め、整理・分析して、まとめ・表現することができるようにする。

(3) 探究に主体的・協働的に取り組むとともに、互いのよさを生かしながら、新たな価値を創造し、よりよい社会を実現しようとする態度を養う。

この目標を実現するためにふさわしいとされる探究課題については、例示としてこれまでの取組を踏まえ「国際理解、情報、環境、福祉・健康などの現代的な諸課題に対応する横断的・総合的な課題、地域や学校の特色に応じた課題、生徒の興味・関心に基づく課題、職業や自己の進路に関する課題などを踏まえて設定すること。」と表記され、新たに「現代的な諸課題に対応する横断的・総合的な課題」が明記されている。また、探究課題の解決をとおして育成をめざす具体的な資質・能力についても次のように明らかにされている。

ア　知識及び技能については、他教科等及び総合的な探究の時間で習得する知識及び技能が相互に関連付けられ、社会の中で生きて働くものとして形成されるようにすること。
イ　思考力、判断力、表現力等については、課題の設定、情報の収集、整理・分析、まとめ・表現などの探究の過程において発揮され、未知の状況において活用できるものとして身に付けられるようにすること。
ウ　学びに向かう力、人間性等については、自分自身に関すること及び他者や社会との関わりに関することの両方の視点を踏まえること。

それに続けて、「総合的な探究の時間」で探究課題をとおして育む具体的な資質・能力については、「教科・科目等を越えた全ての学習の基盤となる資質・能力が育まれ、活用されるものとなるよう配慮すること。」この領域を学校で展開するうえで「全体計画及び年間指導計画の作成に当たっては、学校における全教育活動との関連の下に、目標及び内容、学習活動、指導方法や指導体制、学習の評価の計画などを示すこと。」とあり、学校教育全体の中で「総合的な探究の時間」の位置づけとその重要性がより具体的になった。また、前述の「教科等横断的な視点に立った資質・能力の育成」を実現するターミナル的な位置づけ（各教科・科目等領域での学びを総合し、習得したことを活用できる学びの場・機会）にもなっている。したがって、各高等学校では新学習指導要領への対応に向け、同領域を学校の教育活動全体の中でどのように位置づけるかである。言うまでもなく、「総合的な探究の時間」は、学校カリキュラムの中核に位置するものである。カリキュラム・

マネジメントの中で計画段階に位置するカリキュラム計画では、その中に教育課程編成を通じて教育課程表や教育課程編成報告書などの呼称が見られる教育行政文書の作成がこれまでどおり行われることになるが、教育課程表等では理解が難しい教科・科目と「総合的な探究の時間」等の領域の関係性については、基本構想図的なものを図示したり、指導計画の記載を工夫して表現していくことが求められる。

さて、高等学校では、「総合的な探究の時間」と並んでもう1つ、学校教育全体の中に位置づけられ、教科等領域の全体で横断的に取り組むものとして位置づけられている高等学校における道徳教育がある。2015年の一部改正では、小学校・中学校の学習指導要領において「特別の教科」として位置づけられた道徳に関して、高等学校の新学習指導要領では、第1章の総則の「第7款　道徳教育に関する配慮事項」として、新たに項目を設けて、次のように記載されている。

道徳教育を進めるに当たっては、道徳教育の特質を踏まえ、第6款までに示す事項に加え、次の事項に配慮するものとする。

1　各学校においては、第1款の2の(2)に示す道徳教育の目標を踏まえ、道徳教育の全体計画を作成し、校長の方針の下に、道徳教育の推進を主に担当する教師（「道徳教育推進教師」という。）を中心に、全教師が協力して道徳教育を展開すること。なお、道徳教育の全体計画の作成に当たっては、生徒や学校の実態に応じ、指導の方針や重点を明らかにして、各教科・科目等との関係を明らかにすること。その際、公民科の「公共」及び「倫理」並びに特別活動が、人間としての在り方生き方に関する中核的な指導の場面であることに配慮すること。

2　道徳教育を進めるに当たっては、中学校までの特別の教科である道徳の学習等を通じて深めた、主として自分自身、人との関わり、集団や社会との関わり、生命や自然、崇高なものとの関わりに関する道徳的諸価値についての理解を基にしながら、様々な体験や思索の機会等を通して、人間としての在り方生き方についての考えを深めるよう留意すること。また、自立心や自律性を高め、規律ある生活をすること、生命を尊重する心を育てること、社会連帯の自覚を高め、主体的に社会の形成に参画する意欲と態度を養うこと、義務を果たし責任を重んずる態度及び人権を尊重し差別のないよりよい社会を実現しようとする態度を養うこと、伝統と文化を尊重し、それらを育んできた我が国と郷土を愛するとともに、他国を尊重すること、国際社会に生きる日本人としての自覚を身に付けることに関する指導が適切に行われるよう配慮すること。

3　学校やホームルーム内の人間関係や環境を整えるとともに、就業体験活動やボランティア活動、自然体験活動、地域の行事への参加などの豊かな体験を充実すること。また、道徳教育の指導が、生徒の日常生活に生かされるようにすること。その際、いじめの防止や安全の確保等にも資することとなるよう留意すること。

4　学校の道徳教育の全体計画や道徳教育に関する諸活動などの情報を積極的に公表したり、道徳教育の充実のために家庭や地域の人々の積極的な参加や協力を得たりするなど、家庭や地域社会との共通理解を深めること。

高等学校での道徳教育は、中学校までの特別の教科である道徳の学習を踏まえ、各教科・科目等との関係を明らかにするとともに、とりわけ「公民科の「公共」及び「倫理」並びに特別活動が、人間としての在り方生き方に関する中核的な指導の場面であることに配慮すること」に基づいて全体計画を作成することが求められている。

道徳教育は総合的な探究の時間とともに、学校全体のカリキュラムの中核に位置づけて、学校の特性や生徒・地域等の実情に応じたカリキュラム開発に取り組むことにある。そのためには、これまでの「総合的な学習の時間」でのカリキュラム開発の経験を生かし、学習の目標を明確にし、それを達成するためのふさわしい学習のテーマ・内容（探究課題の設定等）を設定したうえで、指導・学習活動とそれに伴う評価の方法を設計していくことが求められる。今回のカリキュラム開発は、それぞれの高等学校の教育の特性が明確になるとともに、その独自性が生徒・保護者等の学校選びの大きな要因になることは間違いない。

また、こうしたカリキュラム開発をとおして教育活動を実際に行っていく際に、平成最初の学習指導要領の改訂で創設された総合的な学習の時間を通じて、各学校にはこれまでどれだけの教育成果をあげているのか、また人的にも物的にも、そして指導方法等の教職専門のノウハウがどれほど蓄積されているのかを改めて確認して見るところから始められたい。カリキュラム開発のノウハウはそれを得意とする教員ありきとするものから脱却し、学校としてのカリキュラム開発のノウハウとして文字や映像の記録、指導教材、生徒の作品、学習記録などをしっかり残し、受け継いでいくとともに、他校でのよりよい実践の記録等を勤務校での関係資料としてファイリングし整理することで、学校のシンクタンクを形づくるものとなれば、学校にとっての大きな教育的財産になろう。

教科・科目等のカリキュラム開発は、いわばそれぞれの学習の目標と内容、そして指導上の留意点等が学習指導要領に明記されており、それを各学校・生徒等の実情に照らして指導と評価の在り方を検討し、指導計画を策定して実施するところとなる。「総合的な探究の時間」は、学校として目標と内容を学校全体で決定し、学年ごとあるいはクラスごとの指導計画の立案、それらに基づく教材の準備やその他指導にかかる人的・物的な環境整備までトータルな準備に取り組まなければならない。前述のとおり、これまでの「総合的な学習の時間」での経験をいかし、これからはカリキュラム・マネジメントの機能をいかした改善に伴う進化（深化）と継続発展性を追求できるカリキュラム開発を学校内に定着させていく必要がある。

なお、そうした環境整備を図るとともに、カリキュラム開発を進めるうえでのシンクタンク機能の形成として、次章では学校カリキュラムセンターの設置について言及したので参考にされたい。

◆カリキュラム・マネジメント始動前の環境整備

今回の新学習指導要領に明記されたカリキュラム・マネジメントに関しては、これまでも先進的な高校教育の研究やカリキュラム開発に取り組んできた高等学校では、カリキュラムを計画→実施→評価→改善の各段階で記録やデータ等に基づきながら振り返りや検討を深め、バージョンアップを重ね、実績に基づいて取り組んでいることがわかる。筆者は、こうした学校がいかに実績をあげ、そして記録を残してきたかを調べ、考察したところ、次の5つの共通点を見出すことができた。

①学校全体でカリキュラム開発を進める校内研修・学校研究体制が整備され、教職員一人ひとり

がカリキュラムに対する高い知識と技能を身に付ける努力をしていること

②カリキュラムの研究開発の機能が、教科・学年・校務分掌ごとに役割分担と統括する組織として整い、取組成果等の諸記録の保管と活用を可能にするシンクタンク機能を充実・継続させていること

③カリキュラムの実施に伴って授業の記録や生徒の学習記録、アンケート等による意識調査のデータを毎年継続して残し、経年データの確保に努めていること

④生徒の学力達成の状況を民間教育機関など各種の検査を活用して他校生等の達成状況のデータと比較して分析し、あわせて生徒の進路実現の状況等に関する資料からの分析も踏まえながら、カリキュラムの評価と改善に活用していること

⑤カリキュラム開発に教職員が専念できるよう、学校内での教職員の業務内容と役割分担の活性化と改善が不断に進められていること

①〜④は、まさに求められているカリキュラム・マネジメントが定着し、機能していることを物語っているものである。この中で付記しておきたいことは、①の教職員の状況を形成するのは、業務遂行の職能成長を促進することにもつながる点で重視されるところであるが、何はともあれ教職員個々の業務にあたる量的なバランスと適性、それに関係する時間的・精神的なゆとりの確保が重要である。このことは⑤と深く関係し、学校経営を司る校長の能力と手腕にかかっていることは確かである。校長が円滑な学校経営を行うには、その環境を整え、必要な人的及び物的な措置を図る

ことが必要である。そのために、公立では教育行政を担う教育委員会が、国立・私立では法人が、必要な整備に取り組み、校長の裁量権を拡大し、柔軟に対応できる経営権限のバランス改善にも取り組むことが前提となる。このことは、本書プロローグで紹介した２０１６年中教審答申に示された各学校でのカリキュラム・マネジメントの確立に向けた３つの側面の中で、「教育内容と、教育活動に必要な人的・物的資源等を、地域等の外部の資源も含めて活用しながら効果的に組み合わせること」をまさにカリキュラム・マネジメントにより実現するうえでも、「特色を踏まえた創意工夫を生かしつつ、取り得る選択肢の検証や普及、必要な条件整備などについて、国や教育委員会が支援体制を整えていくことが求められる」（２０１６年中教審答申）とあるとおり、学校でのカリキュラム・マネジメントが円滑に機能するための、教育行政の役割と責任を見過ごすことができない。

新学習指導要領解説の総則編（２０１８年７月公表）では、「教育課程の実施に必要な人的又は物的な体制を確保するとともにその改善を図っていくこと」について次のように解説がなされている。

> 教育課程の実施に当たっては、人材や予算、時間、情報といった人的又は物的な資源を、教育の内容と効果的に組み合わせていくことが重要となる。学校規模、教職員の状況、施設設備の状況などの人的又は物的な体制の実態は、学校によって異なっており、教育活動の質の向上を組織的かつ計画的に図っていくためには、これらの人的又は物的な体制の実態を十分考慮することが必要である。とりわけ高等学校においては、課程、学

科が様々で、生徒の特性や進路に対応するため類型や選択科目の配当等が多様であることから、各学校の実態を踏まえて体制を工夫し、組織体としての総合的な力を発揮していくことが特に重要となる。その際、特に、教師の指導力、教材・教具の整備状況、地域の教育資源や学習環境（近隣の学校や大学、研究機関、社会教育施設、生徒の学習に協力することのできる人材等）などについて客観的かつ具体的に把握して、教育課程の編成に生かすことが必要である。

この解説を読むと、2016年中教審答申で指摘された「国や教育委員会が支援体制を整えていくことが求められる」といった、教育行政の視点からの支援体制の整備のことは明確に取り上げられているかというとそうではない。たしかに、学習指導要領が学校に向けて編集されたものであるという性質から見れば、教育行政の視点にまで記載が及ぶところではないといえる。しかし、学習指導要領解説では、教科等によって教育行政の条件整備等のかかわりが読み取れることもある。したがって、前述の中教審答申の指摘を踏まえ、はっきりと教育行政の役割を明記する姿勢と、具体的な対応を望みたいところである。

今回改訂は近年にない大がかりで、重厚な学校の教育改革につながるものである。したがって、教育行政機関としては、なおさらに既存の学校の環境のみでの対応を迫るのでは、理念は実現できない。新規対応を含めた条件整備等の学校支援を、確固たる信念と計画をもって取り組み、学校が家庭と地域社会と三位一体でよりよい教育の実現を果たすことができるよう動くことを期待したい。

前記の「解説」の記載では、もっぱら各高等学校の現状の「人的又は物的な体制の実態」を踏まえたカリキュラム・マネジメントによって学校カリキュラムを動かしていくものとしている。教育委員会等の設置者については、各学校が責任をもって教育課程を編成、実施する主体的な取組を支援していくことに重点を置くことが大切であるという記載にとどまっている。確かに、課程・学科の違いや施設設備の状況、さらには地域の教育資源や学習環境など、その学校ごとに現状環境が異なることは確かであるが、各学校が開発したカリキュラムを運用するにあたっては、カリキュラム・マネジメントが円滑に機能するよう学校間の温度差を少しでも解消し、教育機会が公平・公正に提供できるよう教育行政の各学校に応じたサポートへの取組が必要不可欠であることも、指摘しておきたい。

教育行政が学校と一体となって取り組まなければ、今回の改訂がめざす理念や目標への対応は十分な成果をあげ得ないものと考える。教育行政機関は学校教育全体に必要な予算や教職人材の確保など、先を見た準備と対応を積極的に進めていく必要がある。そのためには、各高等学校においても新学習指導要領に対応した検討や準備を進め、カリキュラム・マネジメントの視点から人的・物的に対応の可能性を探り、教育行政支援の必要性についても明確に整理しておくことが求められる。

さて、前掲の①と⑤に関しては、教育行政の支援を受けつつも、学校の組織体制や指導体制、業務分担などさまざまな視点から、実現に向けた積極果敢な改善へのチャレンジに取り組んでいく必要がある。このことは新学習指導要領解説の総則編でも指摘されているところである。

筆者がかつて研究開発の助言等に携わった高等学校では、教職員の業務量と業務分担、そして指導体制と校務体制などの関係性を調べ分析して見直しを図るなど、①と⑤を視野に入れて取り組んだ。しかし、学級編制が縮減されて教職員の人的配置が縮減されるなど、体制の改編を重ねる状況となった。結局この学校では、教職員の業務負担が増える中でも、一定の成果をあげた。同校の取組では、教科等領域の指導を教職員全員で担当することを前提にしながらも、それ以外のホームルーム経営、学年経営、校務分掌経営の業務をも含めると、授業や教育活動等に専念する教育担当と学校・学年等の経営上の事務業務の担当が整理され、その対応について専任と再任用の教職員の業務分担、さらには学校支援の非常勤職員の業務分担等を明確にするなど、学校運営の活性化に向けた成果をあげたといえる。

全国各地の高等学校でも校務の活性化や事務業務の縮減化・効率化、時間短縮などを念頭に置いた業務改善にも取り組まれていることと思う。学校で取り組まれているさまざまな工夫や改善に向けたアイデアなどを、カリキュラム・マネジメントの確立をめざした取組の一環として学校間での情報交流を進め、ノウハウを共有して、勤務校に合ったモデルを探し、活用して試行してみることも大事である。こうした点からも学校間のネットワークは重要と考えられ、その中枢機能としても学校カリキュラムセンターの設置（後述）を求めたいところである。

カリキュラム・マネジメントとしての「RV」機能

各高等学校では、新学習指導要領に対応したカリキュラム開発にあわせて、カリキュラム・マネジメントの確立に向けたサイクル機能についても検討を重ねている。カリキュラム開発にあたっては、指導計画立案に向けてその根拠となるデータを確保し分析を通じて、開発の方針や手順等を学校全体で共有することから始めることをぜひ薦めたい。

2016年の中教審答申や新学習指導要領にも「教育内容の質の向上に向けて、子供たちの姿や地域の現状等に関する調査や各種データ等に基づき、教育課程を編成し、実施し、評価して改善を図る一連のPDCAサイクルを確立すること。」とあり、これまで学校間で取組内容の相違がうかがえるのは波線の部分である。すなわち、ここに見える教育課程編成を含むカリキュラム開発にあたっては、「調査や各種データ等に基づ」いて取り組むことを指摘していることである。事前に在籍する生徒の入学時の入試データをはじめ学年ごとの学習面・生活面等のデータに基づく達成状況の評価を通じた検証結果と、それをエビデンス（根拠）としたカリキュラム開発やカリキュラム・マネジメントの方針を策定する取組がこれまで十分に定着していなかったため、この点の充実が今回は重要であり、新学習指導要領でもそのことを学校に求めている。

筆者は、これまでの高等学校でのカリキュラム開発への助言や支援の機会を通じて、Research

（データ等確保の調査）とVision（方針策定）の取組をマネジメント・サイクルの先頭に加え、RとVに基づいてカリキュラム・マネジメントの機能を動かす「RV-PDCAサイクル」による取組を提唱してきた。すでに、研究開発学校をはじめ校内研究が充実している先進的な学校では、RVを重視したカリキュラムの開発やマネジメント・サイクルが定着している。文科省や各地の教育委員会のホームページ等から先進的な研究開発を進める高等学校の取組情報等を参考に、あるいはモデルとしながら、準備を進めることも方法の1つとして指摘しておきたい。

次に、計画された教育課程を実際に動かすにあたっては、卒業までに修得する必要がある単位数を設定し、その単位数に応じた授業時間の確保と科目展開を具現化する枠組みを構想することを求めたい。筆者はそれをカリキュラム・マネジメントの「フレームワークの設定」と称して、その検討や再考の必要性を推奨している。カリキュラムをマネジメントし、管理する教務関係の教員と指導教諭等のミドルリーダー、そして管理職として実務を担う教頭・副校長は、単位数と授業時間確保の調整・管理の高い知識とスキルが求められる。年間を通じて学校行事等のバランスや時間数の調整を図って、学期・週時程・時間割・日課表等を単位に、編成を工夫しながら年間指導計画を策定する必要がある。

したがってこのフレームワークの設定作業は、教育課程編成と並行しながら取り組む重要なファクターであると考える。これについても、準備段階で時間をかけて学校全体で検討し、よりよいカリキュラム開発とカリキュラム・マネジメントに向けて合意形成を図っていく必要がある。

◆高校教育をめぐる情勢

現代社会は、少子・人口減少が進み、あらゆる分野でこれまでにも増して深刻な事態に遭遇し、問題の解決に見通しがもてず、また将来像も描きにくい状況が続いている。

教育においても、特に学校の児童・生徒の在籍数に顕著にその影響が現れている。とりわけ高等学校の生徒数に注目すると、１９８９（平成元）年は昭和40年代後半からの急増期にあって、そのピークを迎えた時期であった（約５６０万人規模）。しかし、それを境に今度は急速な減少に転じた。『平成18年度　文部科学白書』ではそうした生徒の減少傾向をとらえ、「高等学校の適正配置・適正規模の在り方が課題」と指摘。この記述が毎年度の白書に課題として引き継がれ、生徒数減少の数値の変化とともに問題視されつつも、近年の出生数の状況からも全く打開の見通しがたたない懸案として注目され続けている。現時点で振り返れば、２００６年時点で生徒数減少の問題から学校の維持存続や、小規模化に伴う教職員の業務量増加による負担・多忙の増加などを、教育行政機関が十分に予測し、必要な施策を講じてこなかったことに、問題の所在があるといえる。

こうした中、全国の小・中学校を設置・所管する市区町村の教育委員会にあっても、深刻な事態となっている。文科省が２０１５年に「公立小学校・中学校の適正規模・適正配置等に関する手引～少子化に対応した活力ある学校づくりに向けて～」を策定し、同年1月27日付で各都道府県・指定都市教育委員会教育長・各都道府県知事・各国公私立大学長宛に文部科学事務次官通知を発出したことからもうかがい知ることができる。この手引並びに通知では、家庭及び地域社会における子どもの社会性の育成機能の低下や少子化の進展が中長期的に継続することが見込まれる背景を指摘したうえで、学校の小規模化に伴う教育上の諸課題がこれまで以上に顕在化する傾向が見込まれるため、学校の設置者が学校統合の検討に際して留意し、適切に対応することを通達したものとなっている。

公立高校に注目すると、筆者の調査では全国的に学校の存続、再編・統合、廃止といった、学校の存廃に重きを置いた改革への取組が積極的に進められている状況が明らかになった。今回の改革は、生徒減少下で取り組まれた平成前期の改革の様相とは異なっている。その際は、臨時教育審議会の答申を受けて１９８８（昭和63）年に定時制・通信制に単位制が導入されたのを契機に、１９９３（平成５）年に全日制にも単位制が導入されたこと、翌１９９４年には普通科と専門学科に並んで「第三の学科」として総合学科が導入されたこと、言い換えると新しいタイプの高校の設置を伴った高校の再編・統合のハードと、個性化や多様化に対応した教育内容の充実に向けたソフトの両面から取り組まれた。しかしながら、今回の平成後期の改革では、生徒減少の加速からハード面に重点を置いた改革の様相が色濃くなっている特徴を指摘できる。

『平成29年度　文部科学白書』によれば、高校の進学率は、新制高校発足当初の１９４８（昭和23）年に約42％であったのが、現在ではついに約99％に達したことで、まさに準義務教育学校の様相を呈し、国民的な教育機関になったといえる。

近年、広域通信制高校の設置が全国的な規模で展開し、進学率向上の要因として大きく作用していることは言及するまでもない。その一方で、高校在籍の生徒数を見ると1989年度の約560万人から2016年度には約349万人まで減少し、2006年度の白書以来の課題である高校の適正規模・適正配置の在り方が、これまで以上に各地において深刻さを増している状況にある。それを踏まえたうえで、同白書では「各都道府県では、高等学校の適正配置・適正規模に留意しつつ、生徒一人一人の個性を伸ばし、知・徳・体の調和の取れた充実した高等学校教育を実現するため、各学校においてそれぞれの特色を生かして創意工夫に富んだ魅力ある学校づくりが進められています。」と続けている。

実際にこの課題について、全国各地においてどのように取り組まれ、地方教育行政にとっていかなる問題に直面しているのか。ここでは筆者が実施した調査データに基づき、全国レベルでとらえられた傾向と、地域ごとに分析した概況をいくつか紹介してみたい。

現在に至る高校教育改革の系譜を見ると、学校の設置・環境の整備等のハードと教育内容の充実等のソフトへの対応の視点（A）と、高校進学率等の生徒の進学・在籍状況からの視点（B）との2つに大別できる。まずAは、時系列に整理すると、1948（昭和23）年4月の新制高校の発足を機に、一般的には学習指導要領の改訂タームごとに教育課程の内容と運用といったソフトの改革

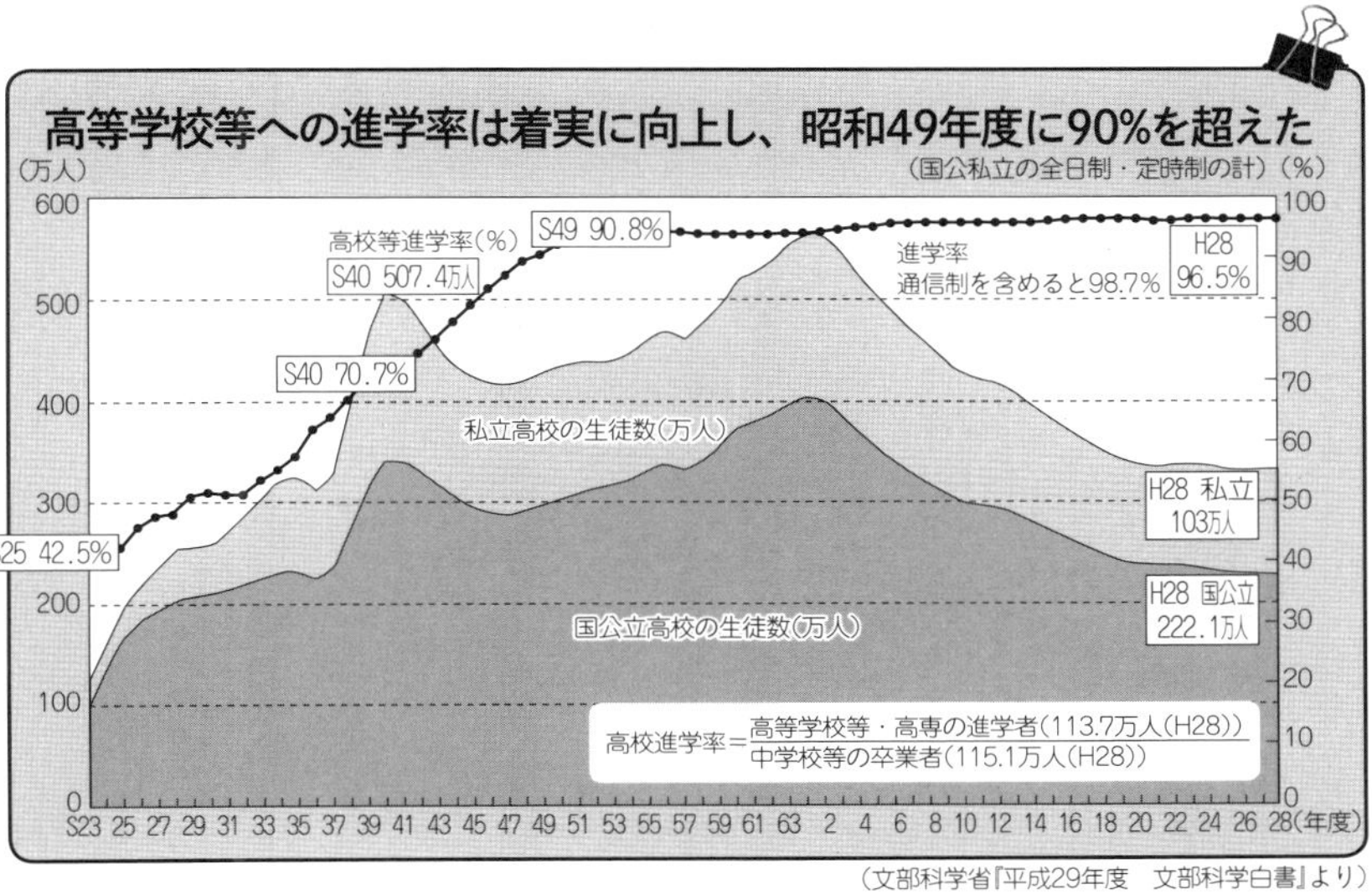

（文部科学省『平成29年度　文部科学白書』より）

内容に即した視点と、もう1つは戦後の国民生活や人生観・価値観等の変容を背景に、高校進学率とそれに伴う高校教育の機会の確保・充実に向けた学校設置にかかるハードに注目した視点とがあり、近年は後者重視の改革の傾向にある。

次に、Bの生徒の進学・在籍状況の視点に関して整理すると、3期に区分できる。戦後の新制高校発足から昭和の末年にかけての生徒急増対応に向けた学校増設と理数教育・産業教育を重視した施設・設備充実の改革、平成年間の生徒減少における学校の適正規模・適正配置、個性重視の原則と教育ニーズの多様化への対応に向けた新しいタイプの高校づくりの推進にかかる改革、さらには今日の少子・人口減少の加速化に伴う改革の3つである。とりわけその最後の時期は、現在の高校教育改革につながるものであり、筆者の注目している少子・人口減少への対応が前面に現れ、高校の再編・統合への対応が改革の中核となっている。そのことは、筆者が２０１８年９月現在での全国の都道府県教育委員会における公立高校関連の教育改革や再編等の改革計画等を調査した結果、状況がより鮮明になった。その調査から読み取れた状況について整理すると、次のとおりである。

【全国的な傾向】

① 現在、計画策定をして改革等に取り組んでいるところは、35都道府県で全体の約74％にあたる。

② ①のうち再編・統合を中核にしながらソフトの面まで広範な改革に取り組んでいるところは、34都道府県で約97％にあたる。

③ ②のうち基本計画や基本方針等を策定し、現在、実施計画の策定に向けて取り組んでいるところは、34都道府県中で12県と全体の約35％にあたる。

④ ２０１６年度までの計画に基づいて改革に取り組み、現在、従前の改革の検証あるいは次期の改革に向けて検討しているところは、11府県で全体の約23％にあたる。

⑤ ④のうち新たな改革計画の策定を検討しているところは、５県で約45％にあたる。

都道府県立高校の教育改革・再編整備に関する計画等〔2018（平成30）年９月現在〕

	地域	策定年	計画期間	計画名
1	北海道	2017年9月	2018-2020	公立高等学校配置計画
2	青森	2017年7月	2018-2021	青森県立高等学校教育改革推進計画第1次実施計画
3	岩手	2016年3月	2016-2025	新たな県立高等学校再編計画
4	宮城	2017年2月	2017-2020	新県立高校将来構想第３次実施計画
5	秋田	2016年3月	2016-2025	第７次高等学校総合整備計画
6	山形	2014年11月	2015-2024	県立高校再編整備基本計画
7	福島	2017年11月	2019-2028	県立高等学校改革基本計画〔素案〕
8	茨城	2017年8月	2017-2020	第２次県立高等学校再編整備の後期実施計画
9	栃木	2017年11月	2018-2022	第二期県立高等学校再編計画（案）
10	群馬	2011年3月	2012-2021	高校教育改革推進計画
11	埼玉	2016年3月		魅力ある県立学校づくりの方針
12	千葉	2010年3月	2012-2021	県立学校改革推進プラン　第１次～第４次の実施プログラム
13	東京	2016年2月	2012-2021	都立高校改革推進計画・新実施計画
14	神奈川	2016年1月	2016-2027	県立高校改革実施計画（全体）・同実施計画（Ⅰ期）
15	新潟	2017年7月	2018-2020	県立高校等再編整備計画
16	富山	2008年12月	2008-2012	県立高等学校再編の前期実施計画（後期実施計画の策定中）
17	石川	2015年3月		石川県高等学校「学びの力」向上アクションプラン
18	福井	2009年3月	2009-2014	県立高等学校再編整備　第１次～第３次実施計画
19	山梨	2009年10月	2010-2019	県立高等学校整備基本構想
20	長野	2017年3月	2021-2030	高校フロントランナー改革 学びの改革基本構想（実施方針の策定中）
21	岐阜	2017年3月		岐阜県立高等学校の活性化に関する検討まとめ（平成28年度）
22	静岡	2005年3月	2005-2015	静岡県立高等学校第２次長期計画（第３次長期計画の策定中）
23	愛知	2016年2月	2016-2019	県立高等学校教育推進実施計画（第1期）
24	三重	2017年3月	2017-2021	県立高等学校活性化計画

	地域	策定年	計画期間	計画名
25	滋賀	2012年12月	2013-2018	滋賀県立高等学校再編実施計画
26	京都	2004年7月	2003-2008	府立高校改革推進計画（Ⅱ）（2012年府立高校特色化推進プランの実施）
27	大阪	2013年11月	2014-2018	大阪府立高等学校・大阪市立高等学校再編整備計画
28	兵庫	2008年2月	2009-2013	県立高等学校教育改革第二次実施計画
29	奈良	2003年6月	2004-2008	県立高校再編年次計画
30	和歌山	2016年4月		県立高等学校再編整備基本方針（実施計画の策定中）
31	鳥取	2016年3月	2019-2025	今後の県立高等学校の在り方に関する基本方針
32	島根	2009年2月	2009-2018	県立高等学校再編成基本計画（今後の県立高校の在り方検討委員会で審議中）
33	岡山	2013年3月	2013-2018	岡山県立高等学校教育体制整備実施計画
34	広島	2014年2月	2014-2023	今後の県立高等学校の在り方に係る基本計画
35	山口	2017年3月	2017-2020	県立高校再編整備計画 平成29年度～平成32年度実施計画
36	徳島	2006年3月	2006-2015	高校再編方針
37	香川	2009年10月	2011-2021	県立高校の再編整備基本計画
38	愛媛	2017年5月	2017-2019	県立高校再編整備について
39	高知	2014年10月	2014-2023	県立高等学校再編振興計画前期実施計画
40	福岡	2014年1月	2014-2015	新たな中高一貫教育校の整備計画
41	佐賀	2016年12月	2016-2020	新たな生徒減少期に対応した佐賀県立高等学校再編整備実施計画（第2次）
42	長崎	2016年9月	2016-2019	長崎県立高等学校教育改革第８次実施計画
43	熊本	2015年3月	2015-2017	県立高等学校再編整備等後期実施計画（球磨地域）
44	大分	2008年8月	2010-2015	高校改革推進計画後期再編整備計画［平成22～27年度］
45	宮崎	2015年5月	2016-2018	宮崎県立高等学校教育整備計画中期実施計画
46	鹿児島	2010年3月		鹿児島県公立高校再編整備等検討委員会答申
47	沖縄	2012年3月	2012-2021	県立高等学校編成整備実施計画

注：空欄は現在のところ該当計画がないこと、また計画期間がないことを意味する。
本表は都道府県教育委員会ホームページの資料等を参考に筆者が作成した。

【地域ごとの傾向】

① 北海道・東北全県は少子・人口減少に対応した公立高校の再編・統合のハード面を中心にしながらもソフトの面にもわたり改革が行われ、そのうち福島県では２０１７年６月に福島県学校教育審議会の答申が出され、それを受けた「県立高等学校改革基本計画」の素案が２０１９年から２０２８年までの10年間の計画として検討され、２０１８年から改革実施に向けて策定作業が進められている。

② 関東甲信越では、現在、再編・統合を中核としながらソフト面にもわたり広範に改革が進められているところは、茨城県、栃木県、群馬県、千葉県、東京都、神奈川県、新潟県、福井県、山梨県、長野県の１都９県である。また、学力向上や特色ある高校づくりなどのソフトの面を中核にして、再編・統合まで視野に入れた改革に取り組んでいるところとして注目できるのは２県である。埼玉県の２０１６年３月策定の「魅力ある県立学校づくりの方針」に基づく改革と、石川県の２０１５年３月策定の「石川県高等学校「学びの力」向上アクションプラン」に基づく改革とである。埼玉県は再編・統合に関しては２０１０年２月策定の「県立高等学校の後期再編整備計画」に基づく取組経験を有している。また石川県での県立高校の再編・整備に関しては、１９９９年５月の「高等学校の再編整備に関する基本方針」と、２００７年９月の「県立高等学校の活性化に関する提言」とに基づく少子・人口減少と教育ニーズ等に基づく改革の流れを背景に有している。

③　その他の地域においては、②の関東甲信越の状況のように、2つの改革の流れがうかがえる。そして、各地域の実情に応じ、少子・人口減少を喫緊の課題として再編・統合の改革に着手しているところと、今後の生徒減少の推計値を検討しながら慎重な審議を重ねているところなど、さまざまな状況が見られる。

前掲の全国の計画等の策定状況からわかるように、２０１７年度以降に高校教育にかかる改革計画を策定あるいは策定中の都道府県は全体で12道県、全体の約26％、すなわち4分の1にあたる地域で少子・人口減少を課題とした高校の再編・統合の取組が行われている実態が判明した。またその取組は地域によって温度差があることもわかり、現在の進捗状況から考えると東日本において取組が加速している。

新学習指導要領が公表され、今後、全国の高等学校においてどのような教育改革に取り組むのか。各高等学校そして教職員が、研究開発学校の取組をはじめ、各地の研究推進校などの動向に注目し、それら高等学校の研究成果を参考にしながら、勤務校での学校改善や教育改善にいかせる取組内容や情報を積極的に収集し、新たなカリキュラム開発の参考にしていく前向きな姿勢と行動力をもって動くことに、筆者も引き続き助言や相談等を通じて協力していきたい。

第2章

カリキュラム研究と学校カリキュラムセンターの設置

◆学校でのカリキュラム研究の展開

学校にとって「教育課程」は「学校の顔」「学校の根幹」、あるいは「学校の特色そのもの」などと称されるように、どのように児童・生徒を育むかを明示した、まさに「学校の教育計画」である。２０１７（平成29）年３月に告示された中学校学習指導要領解説の総則編（２０１７年７月）にも、次のように記載されている。

（前略）学校において編成する教育課程については、学校教育の目的や目標を達成するために、教育の内容を生徒の心身の発達に応じ、授業時数との関連において総合的に組織した各学校の教育計画であると言うことができ、その際、学校の教育目標の設定、指導内容の組織及び授業時数の配当が教育課程の編成の基本的な要素になってくる。（中学校学習指導要領解説総則編ｐ11）

「教育課程」の用語が公式に教育行政用語として登場し、用いられることになったのは、１９５０（昭和25）年の学校教育法施行規則の一部改正により、学習指導要領において従前の「教科課程」（小学校）や「学科課程」（中等学校など）の用語に換えて表記されたことによる。つまり、「教育課程」は第二次世界大戦後に用いられた学校教育に関する用語である。

前掲の学習指導要領解説の総則編には、学校の教育計画として策定することを「教育課程の編成」として表記されている。このことは、中学校学習指導要領（２０１７年3月告示）の冒頭で「生徒の人間として調和のとれた育成を目指し、生徒の心身の発達の段階や特性及び学校や地域の実態を十分考慮して」、各学校が教育課程を編成し、目標を達成するよう教育を行うことであるとする記述を補完するものといえる。「学校の教育目標の設定、指導内容の組織及び授業時数の配当」を基本的な要素として教育課程を編成するということからも、学校教育にとって「教育課程」・「教育課程の編成」という呼称には、授業をはじめ教育活動を実践する前の教育計画の意味合いを強く有する用語として一般的にとらえられている。教育課程は、言及するまでもなく英語の「カリキュラム curriculum」の日本語訳として広まっている用語であり、２０１７年3月に告示された小学校と中学校の学習指導要領において、「カリキュラム・マネジメント」の用語が登場したことで、ここに教育課程とカリキュラムとが併用される状況が到来したといえる。このことは高等学校の新学習指導要領でも同様である。

「カリキュラム」は、訳語の「教育課程」の原語であるが、そもそもの語源はラテン語のクレレ（currere）で「走る」という意味の動詞であり、名詞としてのカリキュラムが「走路」あるいは競走のレース・コースないしはトラックを意味している。これが学校教育の場合、教師の指導のもとに児童・生徒が学習する「道筋」を意味するところとなり、その意味で「教育課程」の「課程」の部分がまさにカリキュラムに相当することになる。

また、英語でcurriculum vitaeは、現在「履歴書」を意味する語句であり、人生の経歴や職業歴に相当する。第二次世界大戦後の日本では、「カリキュラム」という用語を児童中心主義の立場から強調して、「授業」についても「展開されたカリキュラム」として子どもの経験や学習活動と見做し、それを重視する視点から「コア・カリキュラム運動」が高揚し、コア・カリキュラム連盟が組織され、雑誌『カリキュラム』が刊行されるなど、「カリキュラム」を「子どもの経験の総体」としてとらえる、ジョン・デューイに代表される経験主義の考え方が広まり、昭和20年代の教育を席巻した。

その後、再び「カリキュラム」の用語が注目を集めたのは、1974（昭和49）年3月に文部省が経済協力開発機構ＯＥＣＤの教育研究革新センターＣＥＲＩと協力して東京において開催した「カリキュラム開発に関する国際セミナー」からである。このセミナーの報告書は文部省により『カリキュラム開発の課題』と題してまとめられた。この報告書を受けた当時、「教育課程」と併用して教育行政の文書類にも登場するところとなったが、正式な教育行政用語として位置づくまでには至らなかった。その理由は、学校教育法第1条の定めにある「正規の学校」（1条校）では「教育課程」という用語が使われていたのに対して、「カリキュラム」は1条校以外の専門学校や各種学校、社会教育機関など「正規の学校」以外の諸学校において使用されている状況から、安定した位置を占められなかったからといえる。今回の改訂で「カリキュラム・マネジメント」の用語が登場し、戦後教育の流れの中で「カリキュラム」は3回目の登場になった。

「教育課程」と「カリキュラム」は、これまでも学識者による指摘もなされているように、用語の概念として一致した関係性にない。名古屋大学名誉教授の安彦忠彦氏はこのことについて、「教育課程」という用語が教育行政の用語として限られた分野で用いられ、「教育計画」という意味合いが強く、原則として事前につくられるものとして位置づけられることが多いと指摘している（安彦、２００３年）。一方で「カリキュラム」については、かつてＩＥＡ（International Association for the Evaluation of Educational Achievement：国際教育到達度評価学会）が次のように定義しているという（安彦、２００６年）。

意図したカリキュラム：国家または教育制度の段階で決定された数学や理科の内容であり、教育政策や法規、国家的な試験の内容、教科書、指導書などに示されており、数学や理科の概念、手法、態度など

実施したカリキュラム：教師が解釈して生徒に与える数学や理科の内容であり、実際の指導、教室経営、教育資源の利用、教師の態度や背景など

達成したカリキュラム：生徒が学校教育の中で獲得した数学や理科の概念、手法、態度など

すなわち、「カリキュラム」は「教育課程」よりも広い概念であり、目標や内容・教材、教授（指導）・学習活動、そして学習達成・評価の活動なども包括しており、安彦氏は「カリキュラム」が計画レベルのみならず、実施レベルや結果レベルまで含むものと広くとらえている（安彦、

2006)。

もう1つ、「カリキュラム」と「教育課程」との違いをさらに明確に説明するものとして、「隠れたカリキュラム（hidden curriculum）」を取り上げたい。これは別名「潜在的カリキュラム（latent curriculum）」とも称され、その対比語が「顕在的カリキュラム（manifest curriculum）」である。後者は学習指導要領や教育課程表、年間指導計画や教科書など目に見える形で示されているカリキュラムであるから「顕在的」と前頭に付記されているのに対して、前者は反対に目に見えない状態にあるカリキュラムということになる。「隠れたカリキュラム」は、明文化されずに伝達される知識、行動様式、思考様式、価値観などのこと（山﨑・黒羽、2008年）であり、また学校の伝統・校風、教室や授業中の雰囲気など非意図的で不可視的に影響を及ぼすこと（北尾、2006年）などが該当する。このことから、カリキュラムは「顕在的」・「潜在的（隠れた）」の両面に対応できる意味合いを含むのに対して、教育課程は「顕在的」な側面のみに限られていることからも両者の違いを理解できよう。

これまで、筆者自ら研究してきたカリキュラム開発の在り方やカリキュラム・マネジメントの理論と実践に関する成果に基づき、前述の安彦氏の計画・実施・結果の3段階のカリキュラム・レベルを踏まえ、各学校での実践と照合すると、結果レベルのカリキュラムは実際に達成状況を見とる評価レベルであるということができる。各学校では実施レベルそしてこの評価レベルの検証を通じて、従前開発したカリキュラムを改善するという行動パターンを一般的にとっている。すなわち当初のカリキュラム開発に基づき、実際に授業等の教育活動を実施して評価するプロセスを経て改善したカリキュラムとする点で、ここに改善レベルのカリキュラムが現れることになる。

つまりカリキュラムは、計画レベル、実施レベル、評価レベル、そして改善レベルの4タイプで構成されると筆者は考えるものである。この4タイプのカリキュラム・レベルは、いわゆるカリキュラム・マネジメントのサイクルに合致するものであり、計画から改善までのプロセスを経て改善されたカリキュラムは「カリキュラム改善」という状態を意味するが、言い換えれば新たな「カリキュラム開発」として成立したことを意味するものでもある。

実際、各学校では一度教育課程を編成すると、学習指導要領の一部改正等がない限りそのまま継続している状況にある。編成した教育課程を継続しながらも、各学校では毎年入学する児童・生徒の学習状況の実情等に応じて、適正な児童・生徒理解を通じて変容を見とり、それに対応した指導改善や工夫を重ねてきた経験を豊富に蓄積している。このことは、これまで実施してきたカリキュラムを、学習者の達成状況等のデータに基づいて評価し改善したカリキュラムを提供してきたことに合致するものであるといえる。従前の「教育課程」の用語ではとらえられなかったことが、今回の学習指導要領の改訂内容にあてはめれば、「教育課程の評価、改善」にということになろう。

カリキュラム・マネジメントの側面からとらえた場合、各学校では「教育課程」あるいは「カリキュラム」を冠して計画、実施、評価、改善のPDCAサイクルによる各段階を表現することになる。開発したカリキュラムは当初設定したものから絶えず実施をとおして検討し、評価、改善することを、一連のプロセスの中で各学校では進められている。すなちわ、カリキュラム・マネジメントを学校経営のシステム機能の1つとしてとらえれば、松本大学の山﨑保寿氏の指摘のとおり、「カリキュラムの開発→編成→計画→実施→評価→改善という一連のサイクルを計画的・組織的に進めていくこと」（山﨑保寿、２００９年）となる。そして、カリキュラムの実施者が特別活動や「総合的な学習の時間」のように学校全体（家庭・地域との協働で取り組むものも含む）で行うものと、教科指導等の教員個々で行うものとに大別できるものの、実際的には学校全体が組織的に対応していくものととらえる必要がある。

筆者は、各学校がカリキュラム・マネジメントの視点から、「教育課程」という用語ではとらえにくく、かつ「評価、改善」での機能の意味性を含んだ用語としての経験がほとんどない点からも、山﨑氏の指摘のとおり、「カリキュラム開発」「カリキュラム・マネジメント」「カリキュラム改善」などの一連のプロセスにおける連続性の意味合いを内包する「カリキュラム」でとらえていくことが妥当であると考え、それを学校・教職員間にも普及・周知して進めることを提唱する。「教育課程」の用語は、これまでの学校文化や教師文化等から考えても、「教育課程編成」「教育課程表の作成」など計画段階に限って使用することを薦めたい（これらは「カリキュラム計画」に内包されるものである）。

学校全体では「カリキュラム」の視点からとらえ、カリキュラム・マネジメントとしてのＰＤＣＡサイクルに基づく「カリキュラム計画」「カリキュラム実施（あるいは実践）」「カリキュラム評

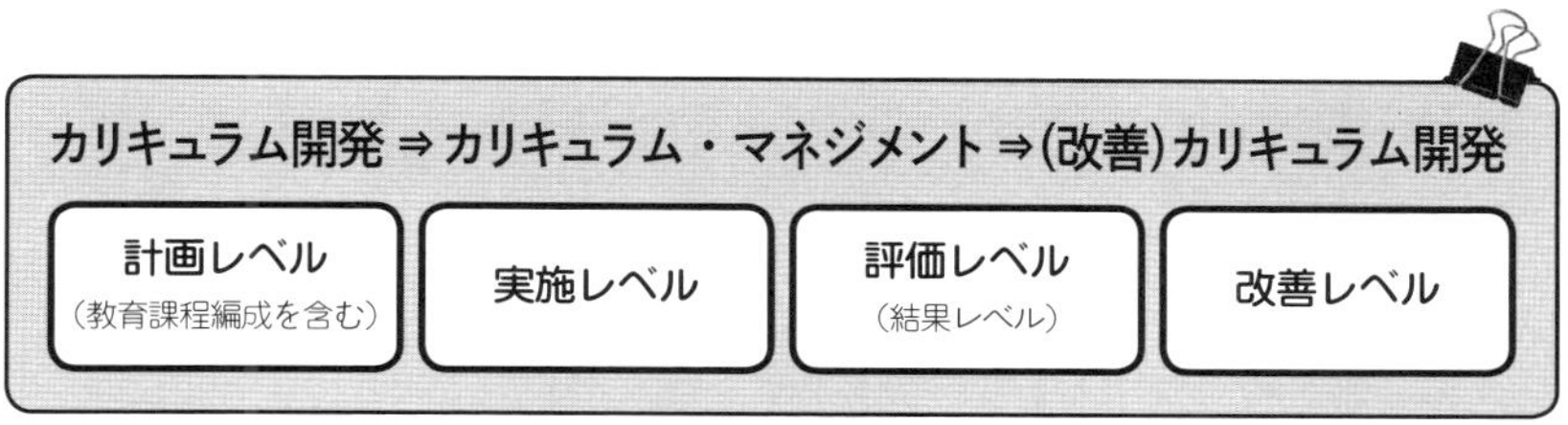

価」、そして「カリキュラム改善」という一連のプロセスにおける各段階を表記する用語として定着させていくことである。また、それら以外に、学校全体の教育をプロデュースし、教育活動の実践につなげる「カリキュラム開発」、そしてカリキュラムの開発や改善、さらには機能的なカリキュラム・マネジメントを追究していく調査研究や開発研究を担うシンクタンク機能としての「カリキュラム研究」の用語もあわせて定着させていくことを薦めたい。それらカリキュラムに関する用語をもって、学校内での共通理解を図るとともに、生徒・保護者や地域等に対しても普及・啓発を図り、さまざまな方法や手段を工夫して理解を深め、学校教育への参画と協働を促していくことも必要である。

筆者は、各学校が新学習指導要領に基づく次期のカリキュラム開発とカリキュラム・マネジメントの構造や機能について理解を深め、エビデンス（根拠データ）に基づくカリキュラムの開発に、計画的・組織的に取り組み、教職員間に定着することを期待するものである（実際、教員研修や校内研修等を通じて筆者は普及・啓発や学校支援に努めている）。

◆学校カリキュラムセンターの機能をいかしたカリキュラム開発

学校教育は、学校自ら開発したカリキュラムに基づき、学校の教育目標の達成をめざして教育活動を工夫し実施していく、オーセンティック（本物）な教育実践の時代を迎えたといえる。あわせて、学校にとっては、カリキュラム・マネジメントの不断の取組を通じて、学習者の成長や変容を見とり、エビデンスに基づいて成果と課題を見出して、創意工夫を図りながらカリキュラム改善に取り組む、いわゆるカリキュラム・イノベーションの時期が到来したともいえる。

各学校が学習指導要領に基づきながら、裁量を最大限にいかして自由にカリキュラム開発や創意工夫のあるカリキュラム・マネジメントに取り組むことで、一体どのような教育を学習者に提供できるのか。これまでのわが国の教職員の専門職性の高さから考えても、優れた授業づくりや、効果的な指導につながる教材づくりを実現することが期待できる。各学校・教職員一人ひとりが秘めている可能性を引き出し、少子・人口減少が進む中で、時代や社会が変化しても、自ら生きていくうえで必要な知識や技能を身に付け、また個性の伸長や進路に応じた諸能力を学習者一人ひとりのニーズに応じて育成することが、これからの学校教育に求められている。言い換えれば、そうした教育を実現できる学校こそが、指導力のある質の高い優れた教育を実践する学校として評価されることになろう。

学校が「指導力のある質の高い優れた教育を実践する学校」づくりを行うとするならば、学校が学習者のニーズや実態に応じたカリキュラムを自ら開発し、それが運用できるカリキュラム・マネジメントの能力をもっていることが必要不可欠の条件となる。それらの力量形成はすべて校長をはじめ学校の教職員にかかっている。優れた教員を採用し、教員の指導力を高める育成は教育行政の役割である。そして学校のカリキュラム開発等にかかる環境（人的・物的・予算的・情報的な支援）を整備するのも教育行政の役割であり、学校と教育行政が一体化して取組を進めないと、「指導力のある質の高い優れた教育を実践する学校」づくりは実現しない。その意味でも、教育行政のうちでも特に教育課程行政の改革を重視し、カリキュラムセンター機能について学校と教育行政機関との間にネットワークを形成して共有化を図ることで、システマティックなカリキュラム行政を実施し、従前の教育課程行政を転換していくことを求めるものである。その一環として、これまで継続的な設置がなされなかった学校内へのカリキュラムセンター設置を提案したい。

「学校カリキュラムセンター」（以下、センター）設置の実現は、「各学校の主体性に任せる」といった曖昧な行政対応から脱却し、環境を整備するまでは、まずは教育行政の役割であることを明確にしておきたい。教育行政機関及び教育行政担当者が、これまで以上に教育の現場である学校環境、教職員をめぐる職務環境をより一層整備する意識と実効性のある行政に取り組むとともに、学校での授業実践とカリキュラム・マネジメントをサポートし、教職員を力強く支える教育指導行政の抜本的なパラダイム転換を図る意気込みをもって取り組まないと、成就するものではない。

これからの学校教育改革は、まずは学校・教職員が学習者とともにしっかりとスポットを浴びた教育の舞台に立つことが肝要である。そして、その舞台裏でがっちりと支え、入学で幕が開け、そして卒業で幕が降りることを繰り返す舞台を継続的に支えるのは、教育指導行政サイドに他ならない。学習者と教職員が主役の舞台づくりは、教育指導行政担当者の意識改善と行動力にかかっているといっても過言ではない。

筆者は自らの教育指導行政の経験を踏まえ、全国各地の行政指導担当者の協力を得て聞き取り調査した内容等から今回、学校内へのセンター設置に向けて考察した。その結果、次の3点に方策を整理することができた。

①学校・教職員を支援するための教育指導行政の在り方・考え方を、行政全体からとらえ直す必要があること

②学校・教職員に向き合い支援できる教育指導行政に求められるマネジメント能力を明確にすること

③学校のカリキュラム開発とカリキュラム・マネジメントの円滑な推進に向けた、教育指導行政体制に改善すること

このうち、②で指摘した「教育指導行政のマネジメント能力」とは、具体的には学校教育や教職員育成など指導力の高い指導主事等の確保、よりよい教育を追求する調査研究成果の確保と提供、カリキュラム開発を可能にする学校の体制・環境の整備にかかる指導と支援、学校が求める教材・

教具の提供や支援、適切な学校経費の査定と執行、カリキュラム開発や効果的な指導法等のノウハウなど教育情報の提供など、いわゆるシンクタンクとして蓄積する必要な能力ということができる。

そこでまず、学校に求められるカリキュラム開発とカリキュラム・マネジメントの体制づくりと環境整備に注目し、学校内にセンターという機能と施設を設置することを提案し、その構想を論じていきたい。

まず、センター設置の目的、機能は次のように整理できる。

〔設置目的〕

学校でのカリキュラム開発及びカリキュラム・マネジメントが円滑かつ的確に推進できるよう、校内に関係する機能を集中し、必要な人材の確保と物的な整備等を行い、また校外の関係機関とのネットワークを形成するなどして、恒常的に取り組める拠点とするため。

〔機能〕

1　学校における恒常的なカリキュラムの開発と改善に関する機能
2　学校のカリキュラム・マネジメントに関する中核的な機能
3　カリキュラム開発に関する文書類・図書類の整備と保管の機能（教育課程編成表、年間指導計画、学習指導案など）
4　カリキュラムセンターの情報ネットワークに関する機能
5　カリキュラム・マネジメントに資するデータの保管（学習者の学習カルテや評価資料など）

【1　学校における恒常的なカリキュラムの開発と改善に関する機能】

センターは、設置目的にあるように、校内の一施設として前述の機能を集中した施設として設置することが求められる。

この施設の例示は、実際に「カリキュラム研究室」として設置している高等学校をモデルにしてイメージしたものである。センターのテーブルは研究協議や作業等に供し、スモール・グループ・ディスカッションＳＧＤやワーキング・グループＷＧなどで使用する場である。センター内は無線ＬＡＮを整備し、ノートＰＣやキャビネット充電収納のｉＰａｄを配備するとともに、インターネットに接続してのリサーチや外部の研究機関等とのアクセスを可能にした環境を整えている。書棚には、学習指導要領や教科書、副教材などカリキュラム開発等にかかる関係図書をはじめ、研究開発学校や教育課程研究校等の先進的なカリキュラム開発を推進している指定校の公開研究会への参加を通じて収集した研究報告書や教育センター等による研究成果など関係機関の資料を配架している。

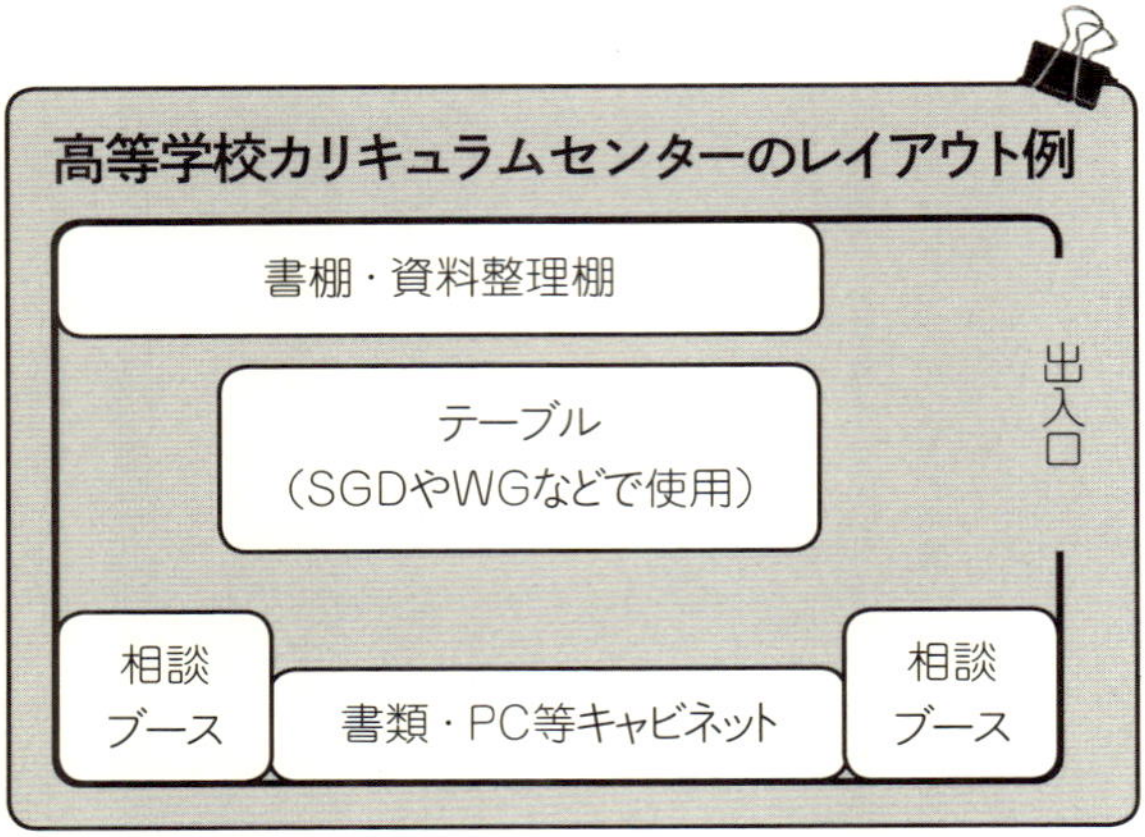

またキャビネットには、自校のカリキュラム・マネジメ

ントに関する資料を収納している。その中にはエビデンスとなる授業評価やカリキュラム評価に関するデータ、生徒の学習履歴の記録（「学びのカルテ」等）、学校研究資料などがある。また生徒の科目履修等のカリキュラム相談に対応するスペースとしての相談ブースも可動式パーテーション・机・椅子で設置されている。

さらに、各教育委員会の教育センターが設置するカリキュラムセンターが構築した、連携大学等も含むカリキュラム研究開発をサポートするネットワークをいかし、カリキュラム開発担当の教職員育成の研修講座の配信やテレビ会議システムを活用したネットワーク接続先の参加による研究協議の実施などに対応している。

ちなみに、各学校のカリキュラム開発やカリキュラム・マネジメントを推進する担当教員の育成は、ある県の事例を参考にすると、教育センターのカリキュラムセンターで実施する研修講座が重要な役割を担っている。この講座の受講対象の教職員は、教頭と主幹教諭、そして指導教諭である。受講後は、校内の教員への研修に努めるとともに、学校カリキュラムセンターの機能を分担して取り組んでいる。研修フォローも教育センターのカリキュラムセンターの指導主事が学校訪問を通じて実施している。

公立学校では、教員の異動が一定年数の在職により実施される。そのため、従来の各地方教育委員会で取り組まれてきた学校のカリキュラム開発を支援するためのカリキュラムセンター機能は、その有用性がますます高まることは推察できる。それとともに、学校ごとのカリキュラム開発の知識・スキルを身に付けた教職員の確保と推進体制などが、極めて重要になるものと考える。これに対応するためには、学校を挙げて教職員一人ひとりが、教育課程編成の意識からカリキュラム開発の意識へと転換することが求められる。

以上のように、学校が長年取り組んできた教育課程を編成するという教育計画的な営みは、言い換えれば実施をいまだ伴わない、いわば静態的な特性を有する企画・計画の段階を意味する。それに対して、カリキュラムの語彙には、計画したものを実施し、評価を行い課題の確認・克服に向けての工夫・改善に取り組み、よりよい新たなカリキュラムへと進化させていくという動態的な特性を有するものである。

このことはかつて筆者が指導主事の時代に、教育委員会の命を受けてカリキュラムについて専門的に学び研究する機会に恵まれた際に、１９７４年ＯＥＣＤ-ＣＥＲＩ東京セミナーに登壇された当時の教育課程研究の先学より教授されたことにより理解を深めた。それから20年、学習指導要領は２回の改訂が行われたが、その２回目の改訂には文科省の委嘱を受けて作成に協力をするという貴重な経験を得ることもできた。国や地方の教育指導行政に携わる中で、指導主事として、常に学校が学習指導要領に基づきながら、学校の教育目標に向けた教育・人づくりを実施できるよう、主体的に教育課程を編成し、学校の特性をいかした教育活動を展開するなど、カリキュラム・マネジメント（学校教務を担当していた当時はまだ教育課程経営と称されていた）を校内に確立し実施することに目標をおき、さまざまな施策事業を展開してきた。

たとえば、1998年の学習指導要領改訂の普及と「総合的な学習の時間」の導入・定着の過程において、教育課程行政を担当してきたことを思い出す。「総合的な学習の時間」について、目標や内容、そして指導法と評価法をしっかり計画し組織的に実践した経験のある学校で、カリキュラム・マネジメントをいかした指導力のある教職員がいるところでは、生徒のニーズや実情に応じた教育活動を展開していた。こうした学校は、学校主体のカリキュラム開発やカリキュラム・マネジメントの実践に関する基礎が形成されているといえる。

各地の教育委員会では、所管する学校の中で進んでカリキュラム開発等に取り組んでいる学校や研究指定校の経験のある学校などをモデル校に、パイロットスクールとして先進的な実践に取り組む学校を育てることが大切である。並行して、教育センター等でカリキュラム開発やカリキュラム・マネジメントを中心とする、教員育成の研修を計画的に実施していくことも重要である。教育課程行政の視点からは、1校に3～5名の研修を修了した教員を配置するなど、計画的なカリキュラム開発人材育成に力を入れていく施策を実施してほしいものである。

【2　学校のカリキュラム・マネジメントに関する中核的な機能】

これまで学校は、教務部等を中心に教育課程の企画・実施に取り組んできた。今後もこれまでの経験をいかし、カリキュラム開発とカリキュラム・マネジメントの視点でもって、教育課程編成をはじめ、時間割調整や授業時数の確保と管理、教育活動の実践や評価、指導要録の点検・管理など教務関係の校務は、いわゆる専門職性をいかし、円滑に取り組まれることが望まれる。

そうした取組は、まさにカリキュラム・マネジメントに包括される内容である。従前のシステマティックな教務業務を学校主体のカリキュラム・マネジメントに対応させ、移行していくには、学校内でカリキュラム開発の在り方を理解し、明確にしていくことが求められる。このことはまた、「社会に開かれた教育課程」の実現に照らすと、学校外の家庭や地域社会等にも理解を図るものでなければならないといえる。

そこで、学校カリキュラム開発の在り方と考え方を整理しておくことにする。

これまで「学校に基礎をおくカリキュラム開発 School Based Curriculum Development」にとっての課題は、学習指導要領に基づいて編集された検定教科書の教材（題材）内容の順序性と教科書の指導書に依拠して、概ね定められた指導の配当時間に従って授業を進めてきた状況にある。採択した教科書には、指導書のほか補助教材などの用意も充実したものになっていることから教科書ベースでの進度により授業が展開される。ある意味行き届き過ぎた教材環境から疑問をもつことなく、教科書に準拠して用意された年間指導計画に基づいて授業を進めていれば生徒の学習保障を実現していると教職員間で広く認識され、そのことが長年にわたり指導観（教科観）の根底に位置づいてきたことは否めない。

すなわち、学習者と教科書の間にある教師は、教科書に基づく教科カリキュラムを学習者に届ける仲介役的な存在であるとされてきたのだ。「21世紀カリキュラム委員会」（日本教職員組合主催、章末注参照）はそのことを、「教師をカリキュラム作成者とするのではなく、カリキュラムを子どもに手渡す仲介者として位置づける」と教師が教科書に依存せざるを得ない状況におかれている実情をとらえ、学校・教職員が自力でカリキュラムを開発し、教材を作成することの必要性を説いた（21世紀カリキュラム委員会編、１９９９年）。

近年の学習指導要領の総則には、「生徒の発達を支える指導の充実」として「学習の遅れがちな生徒」や「障害のある生徒」、「海外から帰国した生徒」「日本語の学習に困難のある生徒」、さらには「不登校生徒」に対して生徒実態に配慮した教育課程の編成や指導方法・指導体制等の工夫改善を図ることが明記（２０１８年3月30日告示の高等学校学習指導要領では従前より詳細に記載）され、各学校で対応を図り、取り組まれている状況にある。学校・教職員が主体的に自力で生徒の実態に応じた科目開発やそれに応じた教材作成への取組が見られ、それらを含め、「総合的な学習の時間」等を通じて、教育課程編成や指導展開を工夫するなど、計画レベルから改善レベルまでの、いわゆるカリキュラム開発の視点に立って取り組まれてきた経験を重ねている。

たとえば、東京都立のエンカレッジスクールやチャレンジスクール、神奈川県立のクリエイティブスクール、大阪府立のエンパワメントスクールなどの高等学校である。それらの学校では、生徒のニーズや実情に応じた、学校設定教科・学校設定科目の創設と教材開発、それらに基づく教育課程編成と指導方法・指導体制の工夫によるカリキュラム開発の実践を見ることができる。

こうした高等学校の取組は、実はすべての校種・学校において取り組まれる必要がある。そして、各学校の特色がまさに「学校に基礎をおくカリキュラム開発 School Based Curriculum Development」に帰結するものに転換されていくことが、２０１６年中教審答申以来の「社会に開かれた教育課程」にもつながっていくものと考える。それを各学校で実現していくには、目の前の子どもたちの学習状況等から教育目標を立て、それを達成するうえで教材である教科書を理解し、それをいかに活用し、どのように指導するかなど子どもたちの指導にあった単元を構成して年間指導計画を策定し、効果的な指導方法を模索し実践していくための計画レベルのカリキュラムと、授業実践を通じて評価結果を踏まえ検討した改善レベルのカリキュラムとに取り組むことからはじめることである。生徒本位（ステューデント・ファースト）による、「学校に基礎をおくカリキュラム開発」へのチャレンジは、次図のプロセスを参考にして開発（計画レベルのカリキュラム開発）し、あわせて「学校カリキュラムセンター」の機能としての定着を図ることにある。

計画レベルのカリキュラムでは、ステップ1と2に着実に取り組むことが求められる。すなわち、まずは学校として学習者の学習意欲や学力達成の状況等を見極め、教育目標をどこに置くかを学校全体で検討する。そして、校長が中心となってカリキュラム開発ビジョン（本書ではカリキュラム・ポリシーと称する）を設定することが重要である。その際に何を根拠データとして活用したかを明確にし、それに基づいて目標やビジョンを定めたという形にしておかなければならない。そうすることによって学校外に対しても説明責任が果たせるし、理解を得られる。「社会に開かれた教育課程」の実現に向けては、外に対する理解を求めるのみならず、学校運営協議会を設置するコミユニティ・スクールでは学校の教育活動について参画・協働での取組を円滑に進めていくうえでも明確に説明して納得と承認が得られる状況を準備しておくことが前提となる。「学校グランドデザイン」は学校のカリキュラム開発の全体構想の基本概念を図示したものであり、それを用いて学校内外の共通理解に資する役割を担っている。

ステップ1　**カリキュラム開発のエビデンス（根拠データ等）の確保**

（学校として、学習者の学習状況や学習ニーズをはじめ、保護者や地域等のニーズをも把握できる調査の実施とデータ分析）

ステップ2　**カリキュラム開発ビジョン（学校教育目標と開発方針）の策定**

（校長を中心に学校全体でビジョンの共通理解を深め、それに基づいて「学校グランドデザイン」の作成）

ステップ3　**年間指導計画の作成**

（教科書等を活用して学習の順序性を確認して単元（題材）の設定・編成、教材の選定、指導と評価の計画、指導体制の調整）

ステップ4　**カリキュラム・マネジメントの視点からの調整**

（教科間の横断的指導の確認、時間割編成、指導環境の整備）

ステップ5　**「○○○学校カリキュラム」の公表と普及啓発**

（「社会に開かれた教育課程」をめざして家庭・地域等との参画・協働によりカリキュラム案の協議を経て、カリキュラムの策定・公表）

※学校運営協議会（コミュニティ・スクール）ではステップ2から参画し協議

「学校グランドデザイン」については、筆者が指導主事であった2001年頃に学校づくりの研修講座の中で紹介し、実際に講座の中でその作成に向けて演習を実施したことで、徐々に受講者を介して広まっていったことを思い出す。この時期、埼玉県や川崎市等の指導主事と協力して、高等学校での「総合的な学習の時間」の導入に向けた、学校全体でのカリキュラムづくりをいかに効果的に進められるかを検討した。その方策の1つとして、「学校グランドデザイン」による全教職員の共通理解に基づく取組として、校内研修と学校研究の両面からアプローチするところとなった。

当時は用語としても定まっていなかったことから、筆者はその講座の中で、「学校グランドデザインとは、学習者や保護者、地域社会の願いや期待を踏まえ、各学校が自校の目指す学校像や育みたい学習者像を描き、その実現を図るため、学校教育全体の中で、どのような課題と方策を整理し、組織的・協働的に取り組んでいくかを図示した基本構想図である」と定義して説明を行った。

2016年中教審答申では、カリキュラム・マネジメントの項において「学校のグランドデザイン等として学校の特色を示し、教職員や家庭・地域の意識や取組の方向性を共有していくことが重要である」と指摘され、家庭や地域社会等への学校教育の理解に供する工夫の1つとして紹介された。実際、「学校グランドデザイン」は、次のような構成のイメージで一枚紙として必要項目を挿入してデザインするものである。

「学校グランドデザイン」は、神奈川県の県立学校をはじめ、新潟県全域の公立学校や埼玉県の公立高校などで創意工夫してデザインしたものを学校ホームページに掲載するなど、いち早い取組

○○○学校グランドデザイン

社会や教育委員会の要請

学校教育目標

学習者の実情と課題の整理

○○○学校カリキュラム開発ビジョン

教育界の動向

育成する学習者像（カリキュラム開発目標）

保護者や地域の方々の思いや願い

地域の方々の教育活動参加

◆具体的な教育方法と教材
◆特色ある教育活動の紹介

保護者の教育活動参加

■指導体制
■学習評価の在り方
■カリキュラムの評価と検証

１枚図としてコンパクトにまとめるのがポイント

・カリキュラムの実施計画と評価・改善計画の提示
・カリキュラムの普及啓発・広報の紹介
・カリキュラム発表会（授業公開とカリキュラム研究会）

教科書と指導書・補助教材の既存活用（教科書会社が提供する一括した教材）

単元１【８単元時間】……………………………単元○【○単元時間】
・補助教材の活用（規定の評価計画・方法）
（演習プリント、確認テストなど）
定期考査

↓

単元１【６単元時間】……………………………単元○【○単元時間】
・学習者と使用教材に準拠した学習ノートの開発
・学習ポートフォリオによる振り返りと評価方法の工夫
学校共通テストの作成・実施

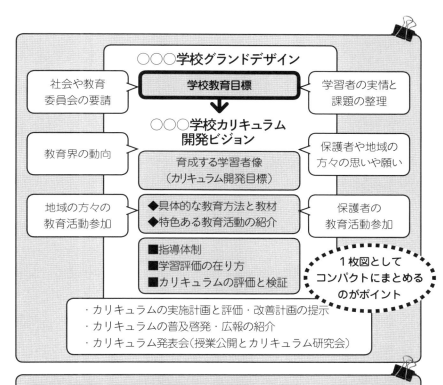

が見られた。近年では、静岡県全域の公立学校においても作成・普及を図っており、２０１６年の中教審答申の前後から、全国的に国公私立や校種を問わずに学校理解を促進するツールとして導入され、現在では学校ホームページにてさまざまな「学校グランドデザイン」に出会える。

次のステップ3では、設定した教育目標に即してどのような教材を活用し、いかなる指導方法を工夫して実践にあたるかという、カリキュラム開発の最も核心となる計画の作業工程である。次の整理のように上段から下段のような学習者のニーズや実態に即した教科・科目の指導と評価を想定した年間指導計画の作成が求められる。

各教科・科目の年間指導計画を設定したあとには、学年（年次）ごとに修学全体のカリキュラム・ツリーを整理する。そして、高等学校では教科・科目別に単元を順に配列した学びの系統性を示す学習構成の理解につながるカリキュラム・マップの作成を工夫して、横断的な指導を確認することで、教科間の連関性のあるカリキュラム開発をめざすことが可能となる。

【3　カリキュラム開発に関する文書類・図書類の整備と保管の機能】

センターは、学校のカリキュラム開発やカリキュラム・マネジメントを推進する中核的な機能であり、その性格から開発等に資する文書や図書といった関係資料の入手と保管も重要な役割として担っている。新たな資料の入手など常に更新しながら配架を積み重ね最新性を確保していくことがこの機能の重要な側面である。またこの機能は、自校のカリキュラム開発に関する関係文書を保管

カリキュラム・ツリーのイメージ（高等学校）

※2018年告示の学習指導要領に基づく　※**科目名**は必修、下線は学校設定科目　………………〈省略〉

	【1学年】		【2学年】		【3学年】			〈進路の方向〉
数学	**数学Ⅰ**	→	**数学Ⅱ**	→	数学Ⅲ			□工学系……
	数学A	→	数学B	→	数学C			□○○系……
					数学総合探究			
理科			**物理基礎**	→	物理	→	物理探究	□工学系……
	化学基礎	→	**化学**	→	化学探究			□薬学系……
	生物基礎	→	生物	→	生物探究			□…………
			地学	→	地学探究			□…………

カリキュラム・マップのイメージ

この枠組みは教科間連関指導による単元

○○○学校　第○学年

教科/時期	1学期前半	1学期後半	2学期前半	2学期後半	3学期
国語	単元1…・・・・→単元4		単元5…・・・・→単元7		単元8
社会	単元1…・・・・→単元4		単元5…・・・・→単元8		単元9→単元10
数学	単元1…・・・・→単元3		単元4…・単元6→単元7		単元8
理科	単元1…・・・・→単元4		単元5…・単元7→単元8		単元9→単元10
※以下、省略					

高等学校のカリキュラム・マップの例示

第1学年		4月　5月	9月　10月	2月　3月
学校行事 教科・科目		始業式　体力テスト 入学式　中間テスト 健康診断	文化祭　中間テスト 修学旅行　大学見学	合唱祭　卒業式 高校入試　学年末テスト
国語総合	4	小説Ⅰ→評論Ⅰ→	古文→漢文→評論→	→小論文→小説Ⅲ
世界史A	2	諸文明→古代の世界→	世界の一体化と日本→	→地域社会の歩み
数学Ⅰ	4	数と式→2次関数→	データ分析→	→図形と計量
数学A	2	集合の数と確立→	場合の数と確立→	→図形の性質
化学基礎	2	物質の状態→	化学結合→	→酸化還元反応
総合探究	1	ガイダンス→課題設定	ゼミ研究→中間発表	→年間研究まとめ

する機能もあわせもっていて、近年の文書管理などを見ると、データをデジタル化して保管するなどの工夫により、限られた収納スペースを有効に活用して、継続性を追求する機能も担う。開発に伴う年間指導計画や学習指導案などの資料は、学校の財産として廃棄することなく適正に保管することも、学校課題の1つを克服する点で意識して取り組む必要がある。

【4　カリキュラムセンターの情報ネットワークに関する機能】

学校のカリキュラムセンターでは、外部との情報交流や情報の入手、あるいは後述する教育センター等とのネットワークを通じて指導・助言等を受ける意味で、ＰＣ端末を配備するなど必要な情報ネットワークの整備と更新に努めていくことは、近年の急速な情報化社会にあっては不可欠な機能である。これは情報ネットワークの管理とともに、カリキュラムセンターの重要な機能としてそれを活用できる教職人材の確保とともに力を入れていく必要がある。

教育センター等にカリキュラムセンター機能を設置しているところでは、学校へのカリキュラム支援の一環として情報ネットワーク環境の整備を進めている地方教育委員会も少なからずある。とりわけ、遠隔地の学校を支援するうえでも物的な整備を進めるだけでなく、担当教職員の知識とスキルの向上を目的とした研修講座を開設して学校と教育委員会とが一体となって取り組んでいる。

【5　カリキュラム・マネジメントにかかる機能であるデータの保管】

最後は、カリキュラム・マネジメントにかかる機能である。開発したカリキュラムを運用していく各過程において、学校のカリキュラムが円滑かつ効果的に実施でき、さらに諸課題に対応してカリキュラムの工夫・改善を図るには、２０１６年中教審答申で特に重視しているカリキュラム・マネジメントを、学校としてしっかりと機能させていくことに他ならない。全国各地で教育センター等を中心に、学校の管理職のみならず対象を教員にまで拡大して、カリキュラム・マネジメントに関する研修講座を実施し、その理論と実践に関する知識とスキルの習得をめざして取り組んでいる。

筆者が関係し、相談等に対応した教育委員会では、告示された学習指導要領の実施前年までに一定数の教職員に対してカリキュラム・マネジメント能力を身に付けさせ、各学校での実践に供するものにしたいという強い意気込みがある。その中には、まずは指導主事と学校の管理職を対象に、実践的なカリキュラム・マネジメント能力を育成したいという要請に応えて、研修プログラムの立案に助言を行ったところもあった。それらを通じて筆者が理解できた点がある。そもそもカリキュラム開発に関しては、参加した指導主事と管理職の中に理解度についての温度差があり、研修のスタート段階で力量に差が認められたことである。中にはカリキュラム・マネジメントの知識とスキルの必要性を理解することに躊躇する者も確認できる状況であった。

このことから考えても、学校が主体的にカリキュラム開発することが慣習化されていない現状において、各学校で教職員に対してカリキュラム・マネジメント能力の育成を図ることを方針としているところでは再考の必要がある。学校でのカリキュラム開発とカリキュラム・マネジメントの定着は、従前の検定教科書に基づく教育課程編成で教育実践に取り組んできた経験を有する学校・教職員が大部分であるという現状において、「学校に基礎をおくカリキュラム開発 School Based Curriculum Development」とそれを動かすカリキュラム・マネジメントの推進は、地方教育委員会が教育課程行政からカリキュラム行政に転換を図って計画的に組織的に取り組まないと、達成されないものと考える。

その中核的な役割を担うのが、これまで各地で設置が試みられてきた教育センター等設置のカリキュラムセンターであるといえる。すでにこれらカリキュラムセンターの中には、研修講座を担当する指導主事等が実践的指導力を身に付けるために研鑽しているところもある。学習指導要領の中で、カリキュラム・マネジメントの記載とともに、学校のカリキュラム開発を位置づけて、従前の教育課程の用語との差別化を明確にすることを、次回の改訂告示の際には期待したい。

〈注〉

・この組織は、１９９７（平成9）年5月に教職員団体の一つである日本教職員組合が梶田叡一氏を委員長に、中島章夫氏（元文部省審議官）と黒沢惟昭氏（東京学芸大学）をそれぞれ前期と後期の事務局長に委嘱したほか、専門委員とワーキングチームの委員に大学教員や学校現場の教職員などを委嘱し、総勢約30名の委員構成で発足した。１９９８（平成10）年11月までに17回を数える総会を開き、その間にも分科会で議論を重ねた。１９９７年9月に第1次提言を、そして１９９８年11月には第2次提言をまとめ、ここまでの成果に基づき若干の加筆をして最終的に『地球市民を育てる――学校がつくる　子どもがつくる　わたしのカリキュラム――』（21世紀カリキュラム委員会編、全体64頁、１９９９年2月）と題した刊行物を編集して当初の目的を達成するに至った。

〈参考資料〉高等学校で策定する計画群

※学校全体を見渡した場合、高等学校にはこれだけの「計画」等の作成が必要である。
「学校グランドデザイン」等を考える際に参考にされたい。

【学校経営関係】

- 学校経営計画 *経営方針・学校評価計画等を包括
- 危険等発生時対処要領 *危機管理マニュアル
- 消防計画
- 学校保健計画
- *保健室経営計画*
- *食物アレルギー対応委員会年間計画*
- *校内研修計画*

【学習指導関係】

- 道徳教育の全体計画
- 総合的な探究の時間の全体計画
- 特別活動の全体計画
- 食に関する指導の全体計画
- *体育・健康に関する指導の全体計画*
- *キャリア教育の全体計画*

- 学校安全計画
- 学校保健計画
- 学校図書館全体計画等

- 教科・科目の指導計画（年間・単元）
- 総合的な探究の時間の指導計画（年間・単元）
- 特別活動の指導計画（年間・単元）
- 特別支援教育の個別指導計画
- 日本語指導の個別の指導計画
- *人権教育の指導計画（年間）*
- *部活動の指導計画（年間）*

【生徒指導関係】

- 学校いじめ防止基本方針
- 特別支援教育の個別の教育支援計画
- 進路指導計画
- 不登校生徒の支援計画

〔注記〕囲みの（計画）は法令に、波線の 計画 は通知に、斜体の *計画* は国の報告書等にそれぞれ基づくものである。

第３章

カリキュラム・マネジメント〈第1ステージ〉

カリキュラム開発

■Research
エビデンスとなるデータ等の収集と分析

■Vision
カリキュラム・ポリシー策定

■Plan
フレームワークと計画策定

■Do
授業等教育活動の実践

■Check
授業・カリキュラム評価

■Action
カリキュラム課題の改善

◆第1ステージの展開

高等学校におけるカリキュラム・マネジメントは、小・中学校等の他の校種と同様に、学校全体で教職員集団によって計画したカリキュラムの共通理解のもと、組織的・段階的・機動的に取り組むことにある。

カリキュラムの実施段階では、教科等横断的な視点に立って、生徒の発達の段階を考慮して言語能力、情報活用能力、問題発見・解決能力等の学習の基盤となる資質・能力を育成する。また、豊かな人生の実現や、災害等を乗り越えて次代の社会を形成することなど、現代的な諸課題に対応して求められる資質・能力を育むことが、総則において重視されている。そのため、教科等横断的な視点での取組を学校全体で、教員間での連携・協力の機会をこれまで以上に工夫して授業実践にあたることになる。ただしこのことは、教員個々の授業づくりや授業改善のレベルに力を注がなくてもよいというのでは全くない。むしろ逆である。教員個々の指導改善や生徒の学習活動の工夫をより進め、主体的・対話的で深い学びを実現できる授業をデザインすることが、カリキュラム開発全体にとって重要な位置を占めている。

教員個々が学校の中で同じ目標と方向性を共通に理解し、指導力の向上に努めながら、生徒の学習意欲を高め、主体性や協働性を発揮して学習活動に取り組めるよう工夫し、さまざまな手法を活用できるよう力量を向上させることが期待される。教職員全体がカリキュラム開発の方針やカリキュラム・マネジメントの展開を十分に理解しようとする雰囲気づくりと見通しをもった取組の実現を図るには、前述したとおり、カリキュラム・ポリシーとそれに基づくカリキュラム開発とカリキュラム・マネジメントのフレームワークの設定が不可欠となる。これらの動きは、カリキュラム・マネジメントにおけるデータ等確保の調査（Research）と方針策定（Vision）の段階の機能としてマネジメント・サイクルの先頭に加えた、ＲＶ-ＰＤＣＡサイクルにおいて実現されるものである。カリキュラム・ポリシーは文字どおり方針策定（Vision）に、そしてフレームワークは計画（Plan）の最初の方に位置づくものである（本章扉の図参照）。

この第1ステージでは、ＲＶ-ＰＤＣＡサイクルの中で、ＲＶからＰのサイクル展開について取り上げたい。

なお、本章以降では、新学習指導要領解説の総則編に示されたカリキュラム・マネジメントの確立に向けた「手順の一例」（以下、総則例示）に基づきながら、各サイクル段階での具体的な取組の在り方・考え方を整理していきたい。

◆カリキュラムのデータ等確保の調査（Research）

カリキュラム開発を進めるうえでの第一歩が、データ等確保の調査（Research）である。総則例示によれば次の項目が該当する。

(3)教育課程の編成のための事前の研究や調査をする。

カリキュラム・マネジメントの実際として、学校がRV-PDCAサイクルを確立して指導や評価の工夫・改善など、学校全体で不断の授業改善が行われ、まさに生徒が「主体的・対話的で深い学び」を実現するには、その根幹となる教育課程編成を含むカリキュラムの計画段階がまず重要である。高等学校では、それぞれの学校・生徒や地域等の実情により、学校教育目標や教育課程編成における科目構成等が異なるものである。そのため、その学校の実情に即した教育課程編成や学習指導の工夫などのカリキュラム開発に取り組む必要があり、その際学校では何を根拠に開発したのか、またカリキュラム・マネジメントの拠り所が何かが問われる。

カリキュラム開発とカリキュラム・マネジメントにとって、根拠（論拠）となるデータの収集と分析結果、そして具体的な課題解決に向けた取組内容を整理したいわゆるエビデンスの確保は、学校が生徒・保護者や地域住民等に対して教育の内容・指導等の取組について理解と信頼を得るうえでのアカウンタビリティ（説明責任）の視点から、また今回の改訂でめざす「社会に開かれた教育課程」の実現という視点からも、学校にとって重要な取組になる。

総則例示では前掲の項目(3)の表記に続いて、教育課程の編成すなわちカリキュラム開発の計画段階前の研究と調査の意義とその在り方について次のように記載している。

> 事前の研究や調査によって，教育課程についての国や教育委員会の基準の趣旨を理解するとともに，教育課程の編成に関わる学校の実態や諸条件を把握する。
> ア　教育課程についての国の基準や教育委員会の規則などを研究し理解する。
> イ　生徒の心身の発達の段階や特性，進路，学校及び地域の実態等を把握する。その際，保護者や地域住民の意向，生徒の状況等を把握することに留意する。

ここでのアの指摘は，改訂告示後に開催された文科省主催の中央説明会を経て，移行期間の基本方針と移行措置の内容が通知されたことである。各地の教育委員会では所管する高等学校に向けての教育課程編成の指針（方針）などを取りまとめ，各学校の管理職・担当の教職員を招集して伝達し，指導主事等が中心となって学校別の相談対応や具体的な指導・助言へと取組を進めている。

イは，各高等学校が自校の現状と課題，そして生徒・保護者や地域住民の思いや願い，学校に対する期待感の受けとめ，学習者である生徒の発達の段階や特性，進路希望等をしっかり把握するための調査と，そのデータの分析・検討に留意することを指摘している。この2つの指摘に加えるとすると，学校としてのカリキュラム研究の確立とその継続性の点である。前章で取り上げたところであるが，もう少し研究の必要性について言及しておきたい。

現在，各高等学校では，年間を通じて，次年度入学生の確保に向け，学校説明会や体験入学，入試相談会などさまざまな広報活動や募集活動を展開し、重要な取組として位置づけている。その背景には、少子・人口減少が進み、全国各地で中学校卒業者数が減少する状況にあって、高等学校は２００６（平成18）年前後の生徒急減を経験して、生徒確保と学校の存続という差し迫った問題を抱え、魅力と特色のある学校づくりに力を込めて取り組んできたところが少なくない。この状況はもはやとどまるところを知らず、在籍定員数を確保できない学校も多く現れ、公立と私立を問わず、閉校を余儀なくされる学校、再編・統合を重ねる教育委員会によって統廃合される学校など、地域の子どもたちをめぐる学校教育の環境は悪化する一方である。首都圏や都市部では、これまで少子・人口減少が進む中でも社会増などにより、一定の生徒数を確保できている学校、あるいは人口急増により期限付きの時限立法のように設置・開校の期間を限定して創設する学校なども現れている。

そうした中で、高等学校では、生徒数確保に向けた広報と募集の活動に全教職員が協力しての取組が始まっている。また、地域住民等との参画・協働による学校づくり・学校経営に取り組み、地域社会と学校が双方向でその役割の存続・維持・発展に向けて一体となって共に歩む関係性が築かれている。後者は近年、学校によっては学校運営協議会制度を導入してコミュニティ・スクールに移行するところも増えつつある。地域社会にとっても学校の存在は交通インフラなどライフラインを維持する大きな要因になっていて、教育委員会も地域社会との協働により地域の教育資源を活用して学校教育の充実を図る一方で、地域の活性化をめざした教育施策を実施しているところもある（たとえば、島根県では「しまね留学」と称して県外から県立高等学校への入学生徒数の一定数の確保に取り組み、学校が所在する町村等との協力を得て生徒寮の確保にも取り組んでいる。この島根県の取組については、樋田・樋田、２０１８年に詳しい）。

このような状況の中で、生徒数確保に向けた魅力や特色ある教育を創出するための研究開発に取り組むところも年々増加している。それらの高等学校の取組を調査したところ、生徒数確保の要因と推察できる学校改善の取組としては、以下、３点が注目される。①生徒の学習ニーズに対応した教育を提供するためのカリキュラム改革と、教員の指導力向上の推進、②高校卒業後の高い進路実現につながる進路指導の充実（生徒個々の進路目標の達成に成果をあげている学校）、③生徒の学習環境の整備（ＩＣＴ環境や学校生活環境など）をはじめとする、教育環境の改善と充実、である。

①～③はいずれも学校の教育内容・教育指導に関するものであり、カリキュラム・マネジメントの機能を発揮したカリキュラム改善に向けた不断の改革によるものである。これら成果をあげている学校を参考にして、各学校でのカリキュラム研究は、より一層重視されるものと見て間違いあるまい。

以上のように、カリキュラム研究を根底から支えるデータ等確保の調査（Research）の段階は、カリキュラム・マネジメント機能の点からも、各高等学校においてその重要性を認識する必要がある。具体的には、研究開発の校務分掌としての独立、あるいはカリキュラム開発のシンクタンク機能としての学校カリキュラムセンターの設置によって、創意工夫ある取組が進められることを望みたい。

さて、各学校でのカリキュラム・マネジメントにはRV-PDCAサイクルの各段階で、どのような担うべき役割と内容があるのか。そのことについて、各サイクルにおける主な取組内容とそれに伴う学校カリキュラムセンターの機能性から整理すると、次表のようなものとなる。

カリキュラム・マネジメントの各サイクルの取組内容と学校カリキュラムセンターのシンクタンク機能

サイクル	各サイクルの取組内容	シンクタンク機能
Research データ等 確保の調査	○学校の設置目的と実態の把握調査 ○学習者の学習ニーズ・学習状況の把握 ○保護者・地域住民等の実情と期待の把握	□リサーチ機能 □調査データの収集・分析機能 □過去データの検索機能 □先進校等の事例研究機能 □国・地域の教育動向把握の機能
Vision 方針策定	○カリキュラム開発ビジョンの策定 ○学校グランドデザイン作成と共有化への取組	□ビジョン策定機能 □デザイン機能 □情報発信・普及機能
Plan 計画	○フレームワークの形成 ○教科・科目の単元開発 ○教科・科目の教材研究 ○年間指導計画の策定 ○カリキュラム・マップ策定 ○開発したカリキュラムの公表と広報普及 ○実施に向けた人的・物的な計画策定と具体措置	□学習指導要領総則の改正要点の分析・整理機能 □単元開発の事例提供機能 □教材研究の支援機能 □年間指導計画の事例提供機能 □カリキュラム・マップの事例提供機能 □カリキュラムの普及配信機能 □教育課程編成と時間割編成の機能
Do 実施	○カリキュラムの実施状況の把握と調整機能	□実施結果データ確保機能 □教材等資料の保管機能
Check 評価	○授業評価・活動評価 ○カリキュラムの評価 ○学校評価への対応	□評価データの収集・分析機能 □評価データの保管機能 □評価結果の集約機能
Action 改善	○改善に向けたResearchとVisionの取組対応 ○カリキュラムの改善	□改善データの分析・保管機能 □カリキュラム開発の資料保管機能 □カリキュラムの改善機能

現行の高等学校学習指導要領によって、実際に各学校ではどのような教育が行われ、いかなる成

カリキュラム開発（広義）

第1ステージ

Research（データ等確保の調査）
　＊エビデンス（根拠・論拠）
Vision（策定方針）
Plan（計画：カリキュラム計画）
→ カリキュラム開発（狭義）

第2ステージ

Do（実施：カリキュラム実施）

第3ステージ

Check（評価：カリキュラム評価）
Action（改善：カリキュラム改善）

第1〜第3ステージ全体 → カリキュラム開発（広義）
→ カリキュラム・マネジメント（RV-PDCAサイクル）

（本書では広く普及しているカリキュラム開発の用語を使い、カリキュラム編成の用語は使用しない）

果をあげているのか、また現状と課題をどう整理できるのか。こうしたことを考察するための国レベルのエビデンスの1つに、国立教育政策研究所教育課程研究センターが取り組んでいる高等学校教育課程に関する調査がある。この他にも文科省が毎年調査して公表している学校基本調査や、生徒指導や体力調査など多種多様なデータもある。この他に、教育委員会や民間教育機関レベルの各種データ等も存在する。そうした中、自校レベルのデータ収集に関してどのようなものがあるか。比較的、学校経営において先進的な取組成果をあげている10校ほどをランダムに抽出して調べたところ、学校内では多岐にわたる種類のデータを収集し活用していることがわかった。

それらデータの活用先から分類すると、多くは学校評価のためのものである。学校経営上の改善や魅力と特色ある学校づくりに活用するものなど、学校全体のレベルに重点を置いた活用となっていて、その収集デ

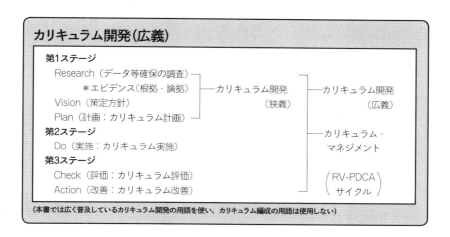

ータの多くが学校評価の中心をなしている教育課程に関する評価すなわちカリキュラム評価のものである。データ活用の精緻な分析結果については本書の範囲ではないから省略するが、学校評価という学校全体の総括的な評価でのデータ使用に偏している傾向があり、折角のデータが学校のカリキュラム評価やカリキュラム改善に十分に活用されているとはいえない現状がある。

各学校では、学校評価に基づく学校経営の改善がスクール・マネジメントのサイクルに基づいて定着している状況にある。そのため、学校としてすでに確保しているデータを改めて確認・整理し、カリキュラム・マネジメントのサイクルで有効に活用していくことを提案するものである。

筆者が近年、現行学習指導要領に基づく高校教育について、中学生と高校生を対象に調査したデータをいくつか紹介する。各高等学校でも、自校のカリキュラム開発上のデータを意図的・計画的に収集することが必要である。現状の高校教育を理解するために、どのようなデータを筆者が収集したか、参考のために紹介する（詳しくは、拙著「高等学校カリキュラムの現状分析と改善課題に関する理論的研究」２０１８年）。

まず、高校進学を希望する中学3年生（首都圏）を対象に調査（「２０１８年中学生　高校教育調査」（１０１名回答））した次の5項目のうち、⑤の自由記述を除く項目について、調査結果をグラフ化したものを掲載する。

① 志望する高校の課程と学科　② 高校志望校決定の要因
③ 学校説明会や配布資料で知りたい内容　④ ③に関連して理解が難しい内容

グラフ①　志望する高校の課程と学科

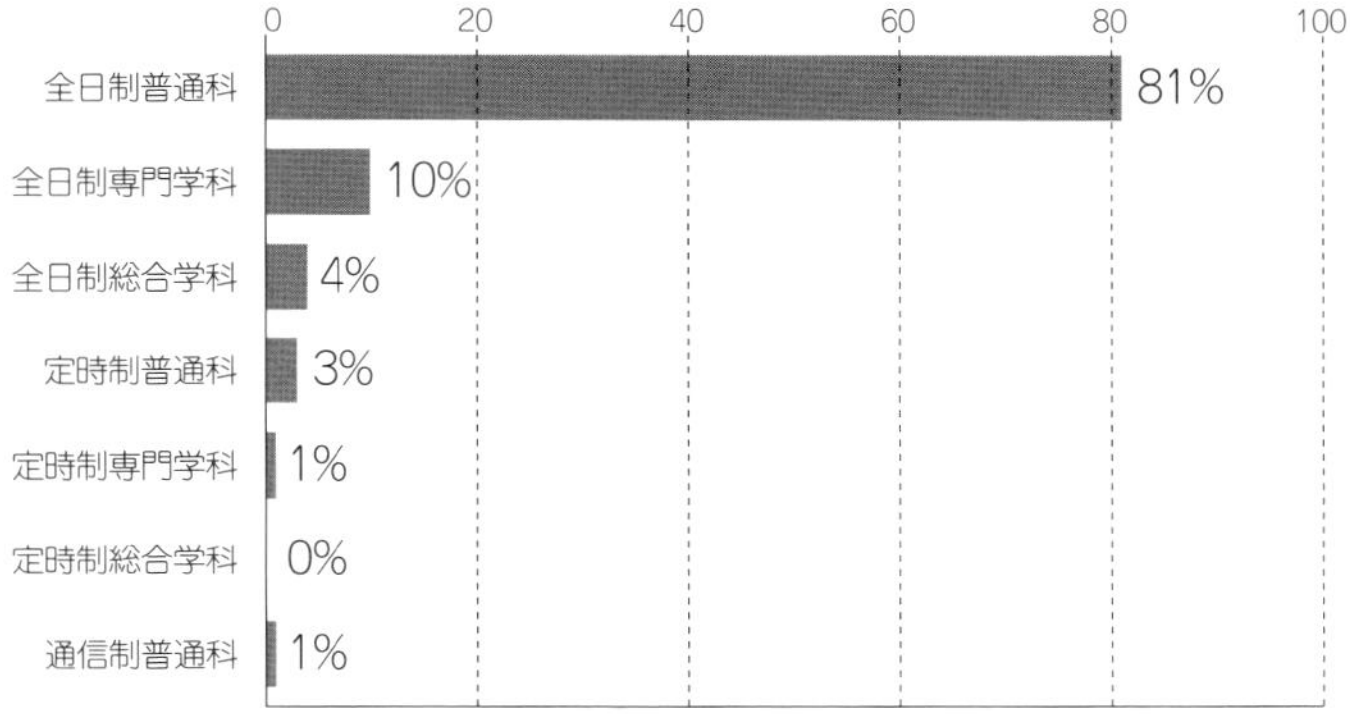

グラフ②　進学予定生徒の志望校決定の要因（複数回答3つまで）

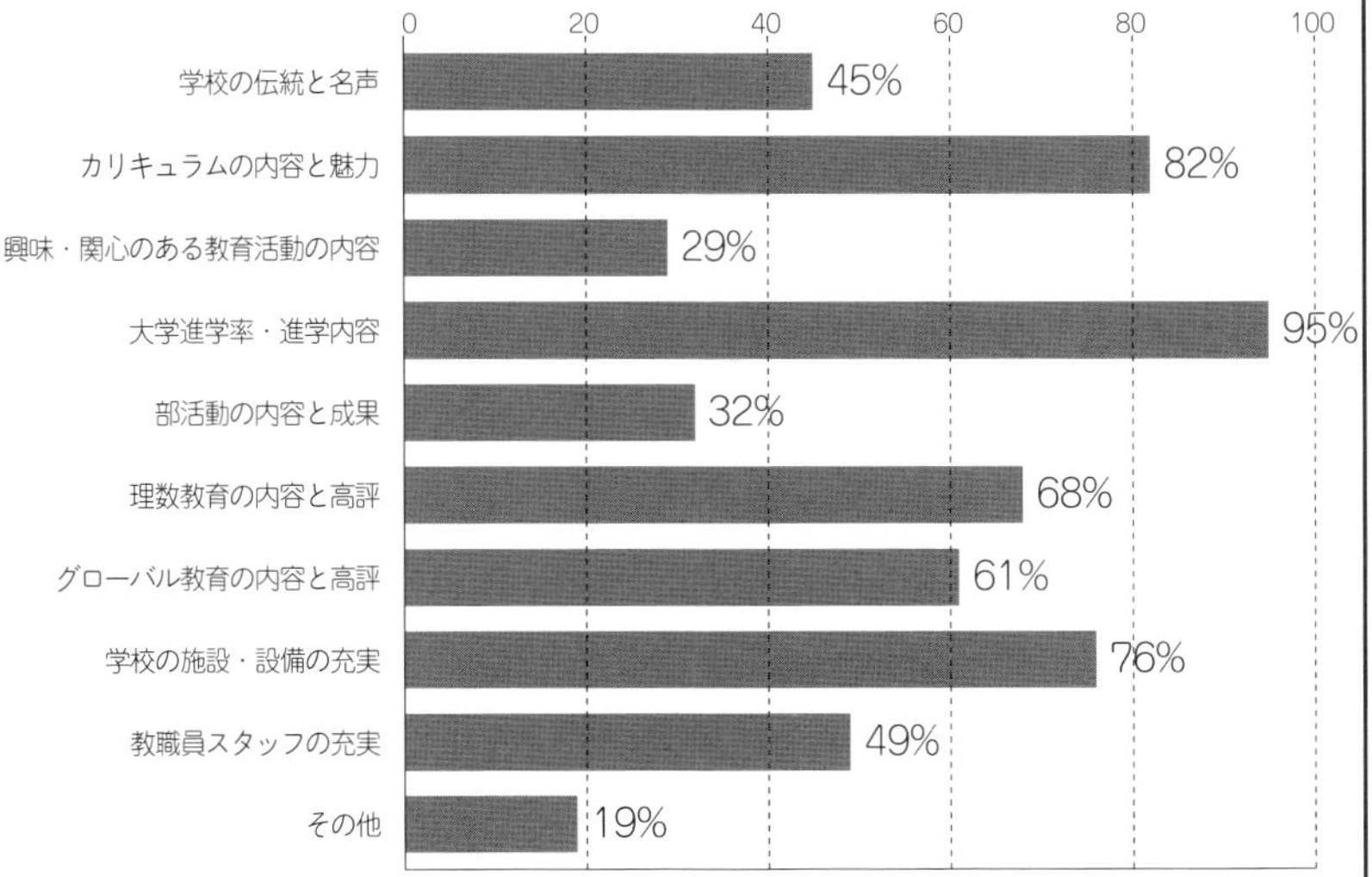

グラフ③　学校説明会や配布資料で知りたい内容(複数回答4つまで)

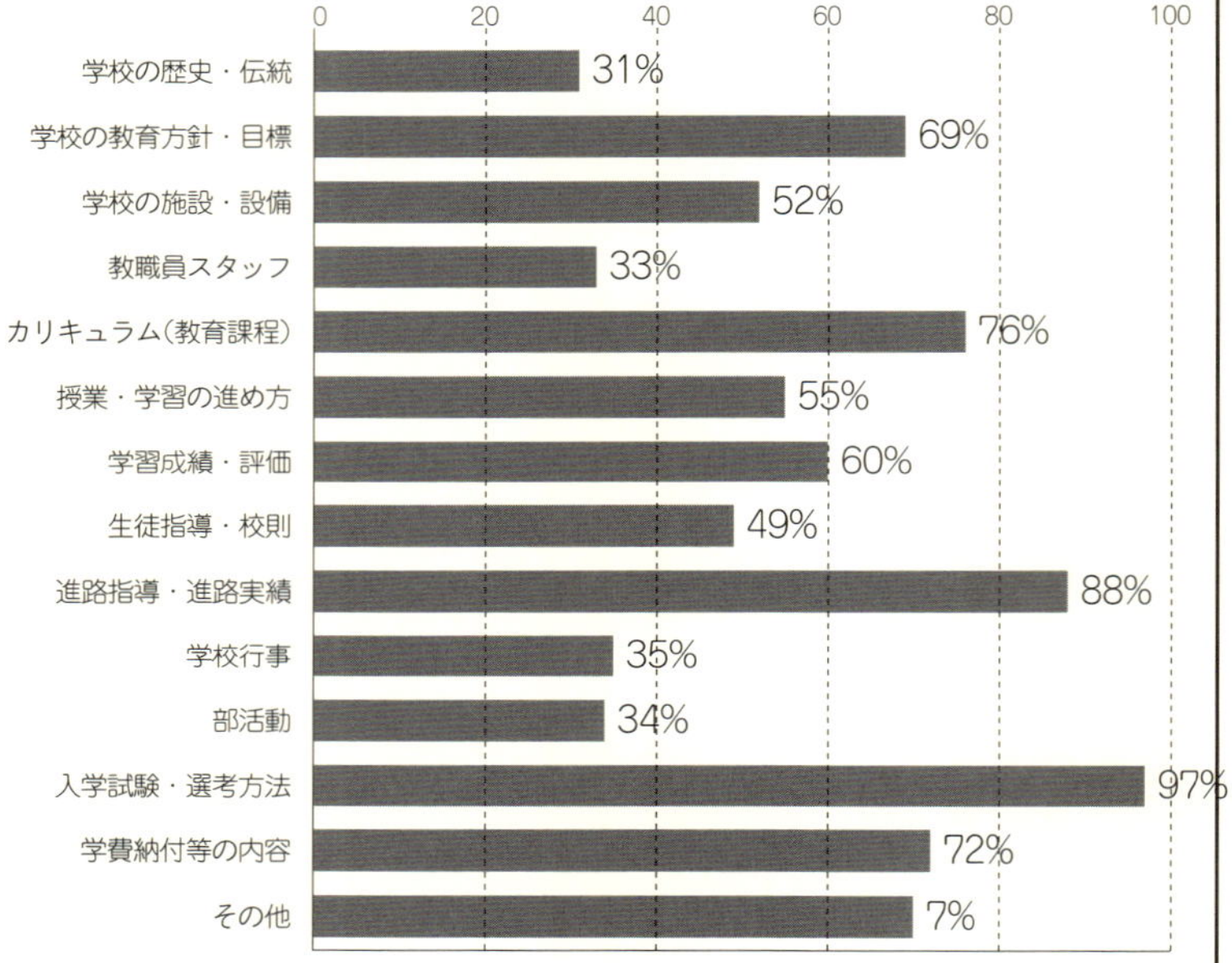

グラフ④　高校理解の上で最も難解な内容(記述回答で多い内容)

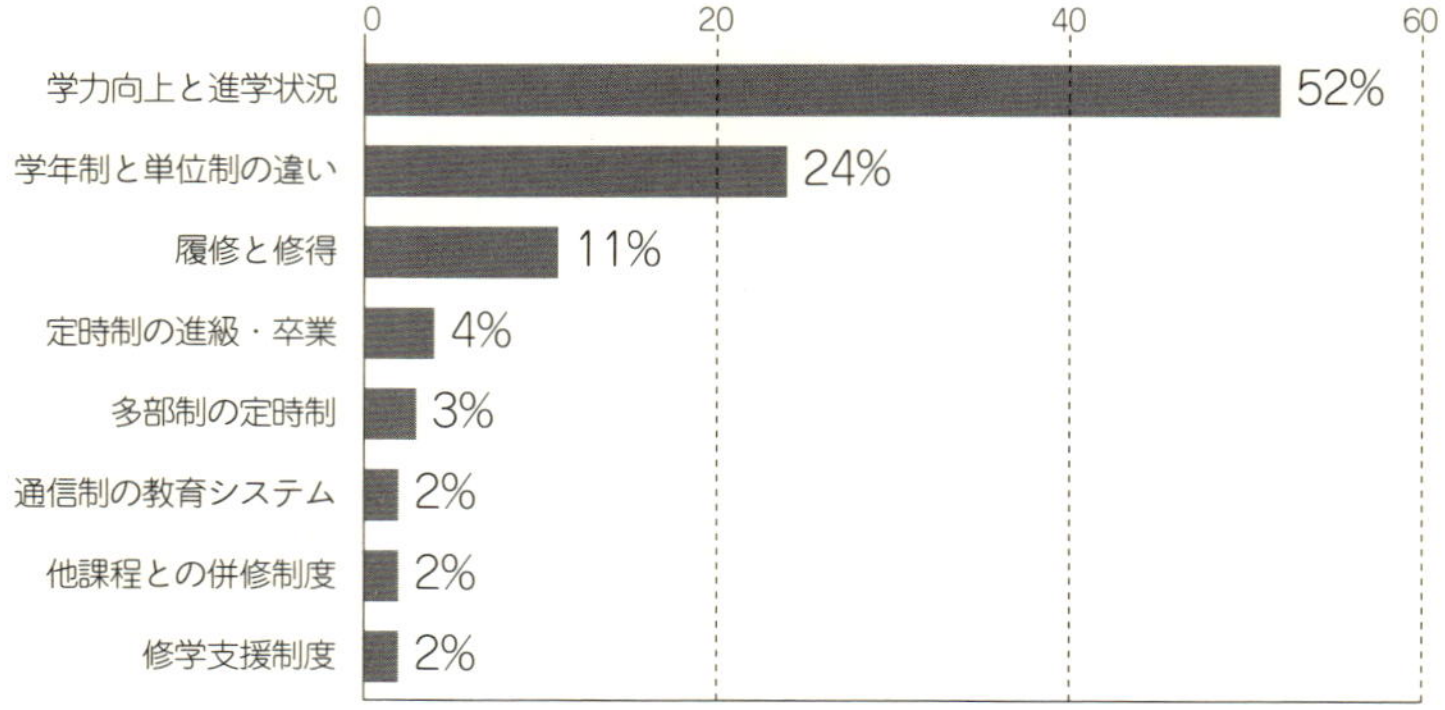

⑤　現在の高校教育に関する自由記述（省略）

次に、進路探究活動（主に「総合的な学習の時間」あるいは特別活動によるキャリア教育の一環）を実施している高等学校に通う高校生（首都圏）を対象に調査（「２０１８年高校生　高校教育調査」（１０３名回答））した次の17項目のうちの⑰の自由記述を除く項目について、調査結果をグラフ化したものを掲載する。

①　回答した高校生の在籍校の状況　　②　在籍している高校への満足度
③　在籍校の教育課程の理解度　　④　高校卒業後の進路希望
⑤　高校の選択科目で悩んだ教科　　⑥　在籍校の教育課程編成に関する意見
⑦　教育課程上の進路等に応じた履修コース設定
⑧　科目等（芸術科目を除く）の選択導入時期
⑨　卒業に必要な修得単位数の下限　　⑩　年間計画の授業の進度と時間数
⑪　１単位時間の授業の時間　　⑫　在籍校の学期制
⑬　教科の授業方法（全体的傾向）　　⑭　習熟度別クラス編成の導入
⑮　学期ごとの試験回数　　⑯　土曜授業の導入状況
⑰　現在の高校教育に関する自由記述（一部紹介）

グラフ① 回答した高校生の在籍校の状況

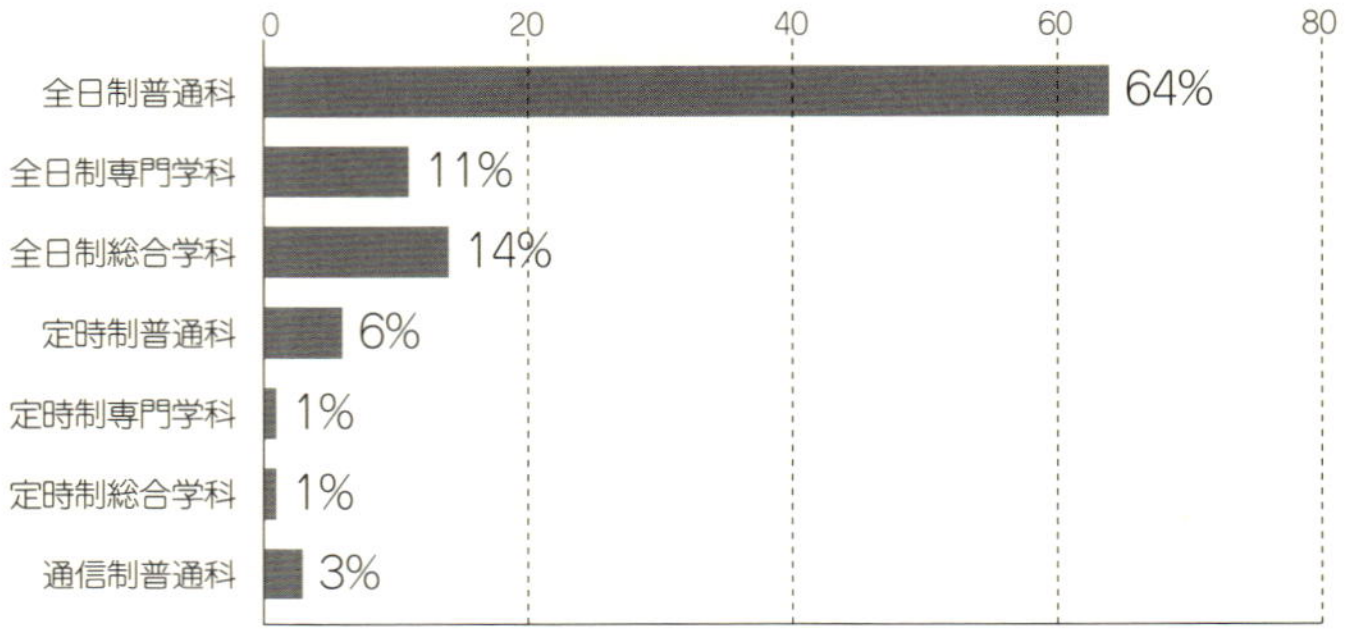

グラフ② 在籍している高校への満足度

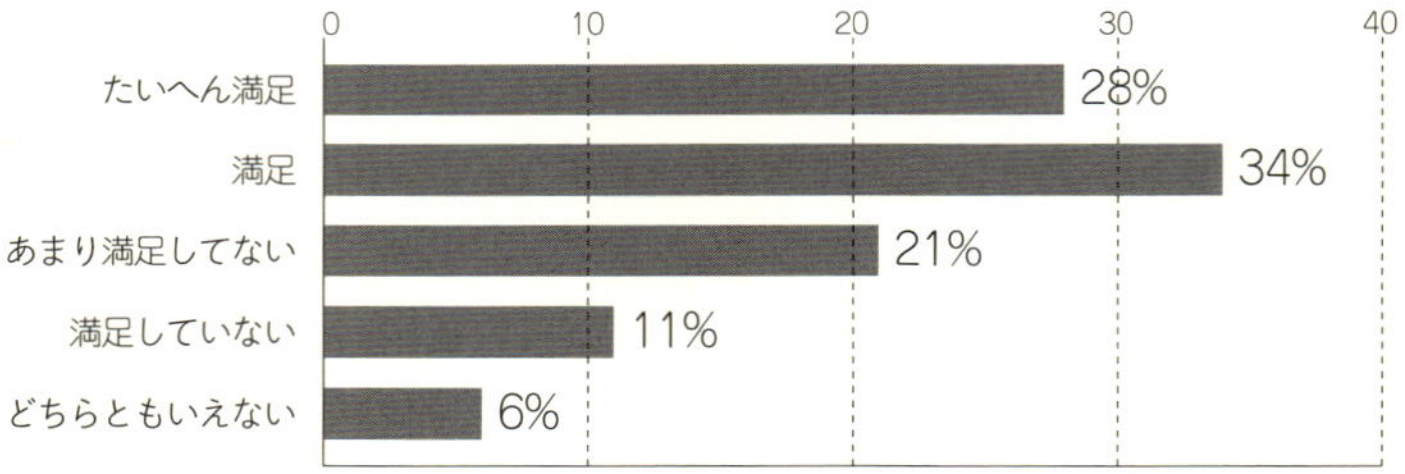

グラフ③ 在籍校の教育課程の理解度

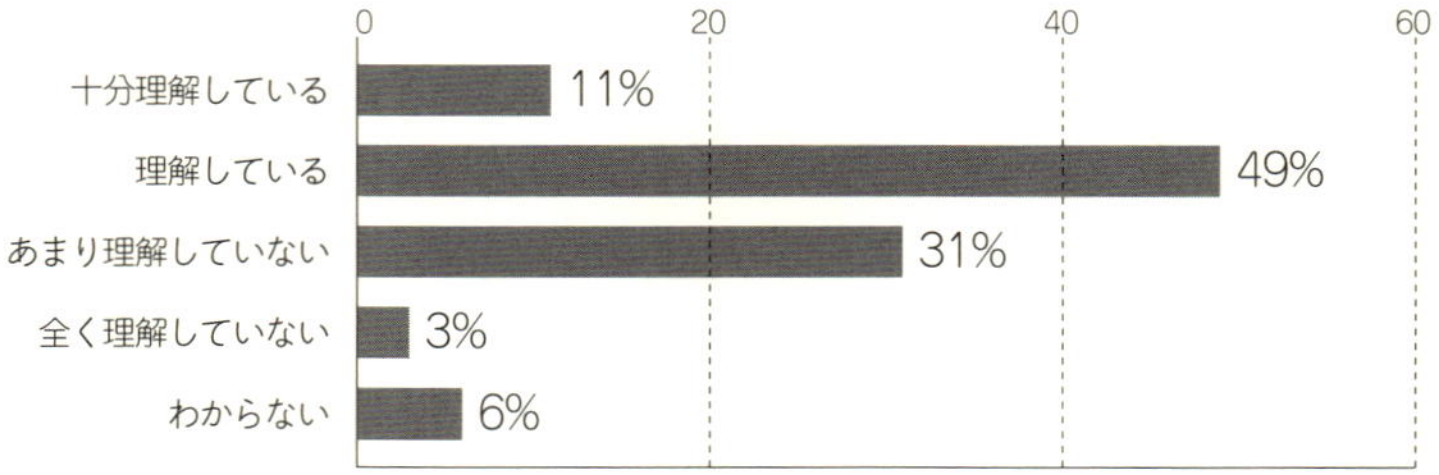

グラフ④　高校卒業後の進路希望

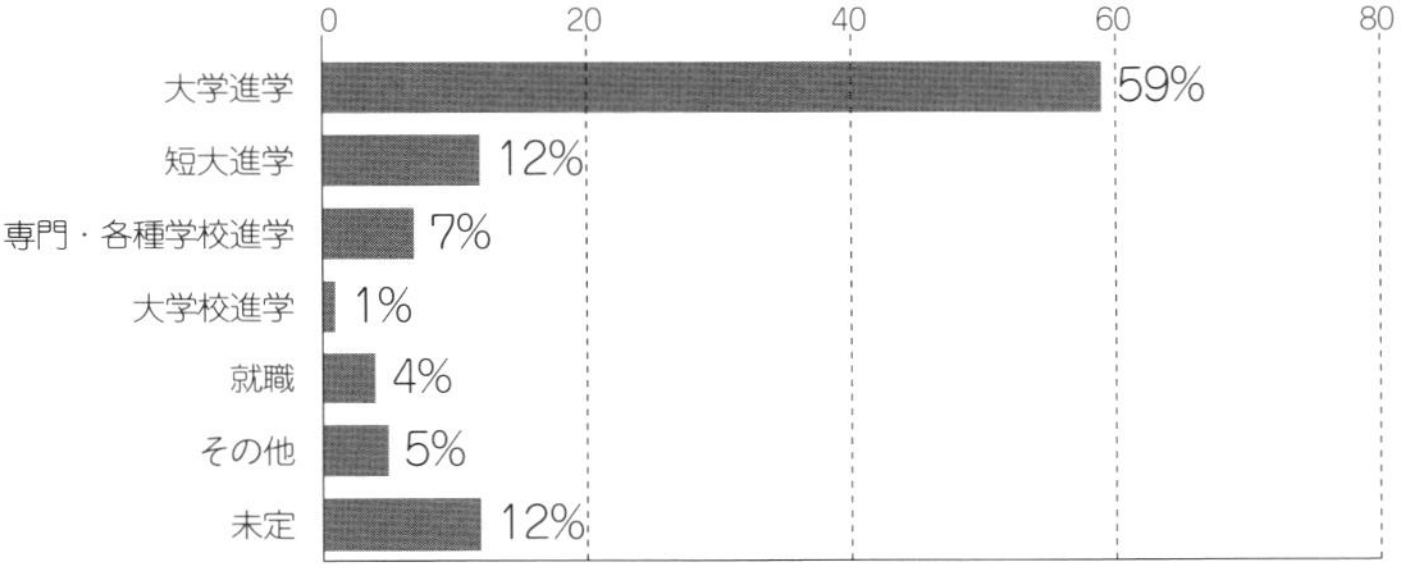

グラフ⑤　在籍校で選択科目で悩んだ教科

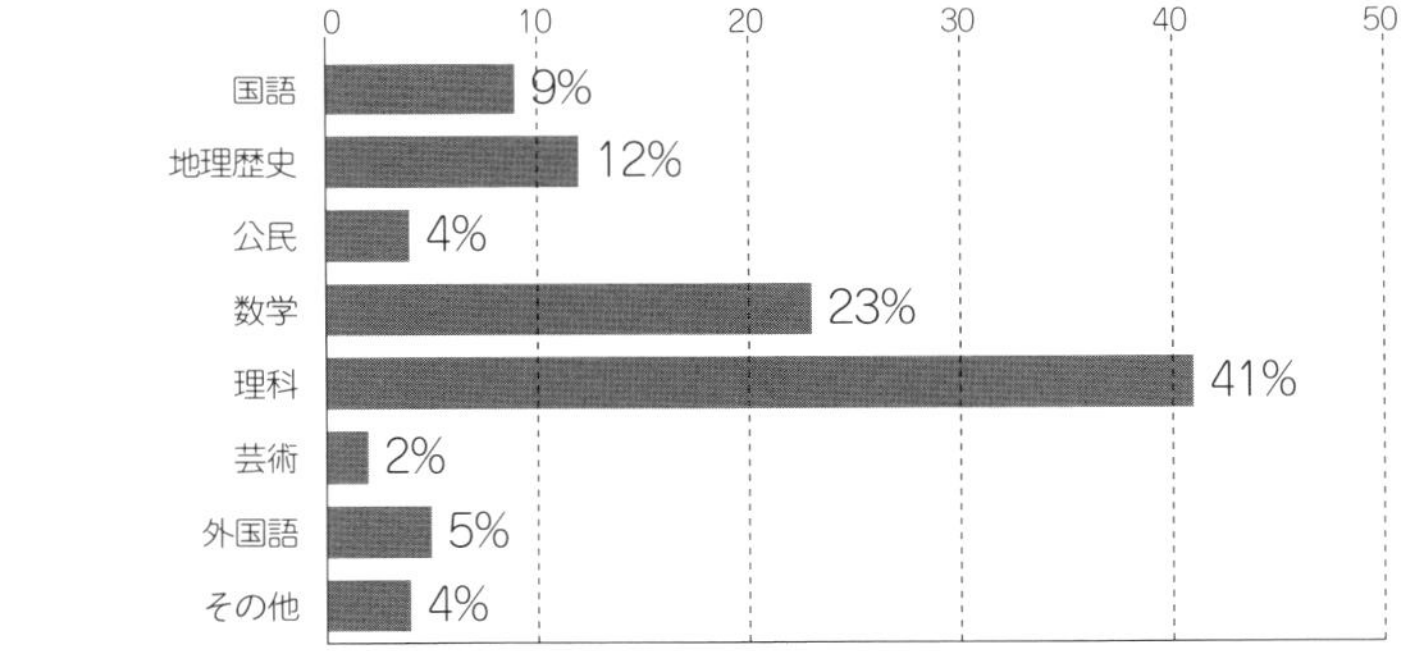

グラフ⑥　教育課程編成に関する課題意見

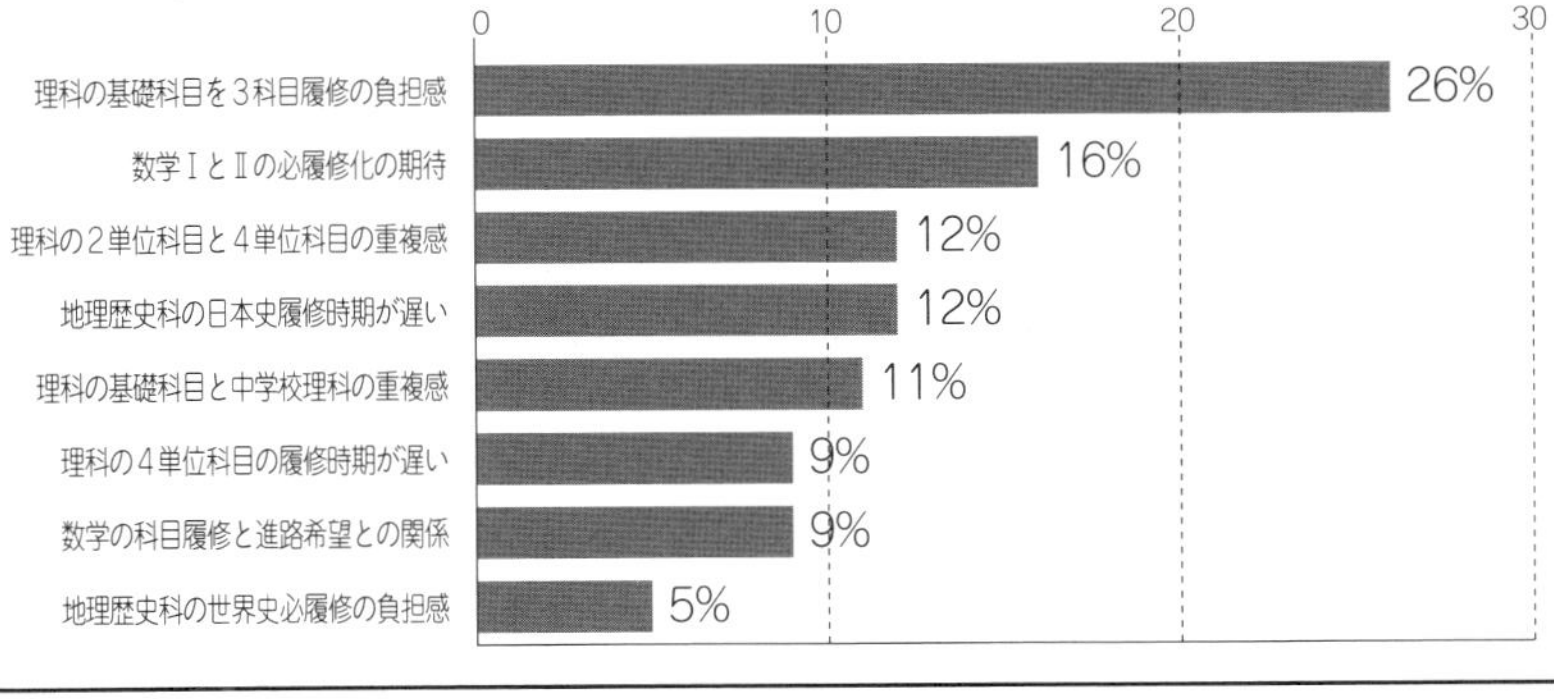

グラフ⑦　教育課程上の進路等に応じた履修コース設定

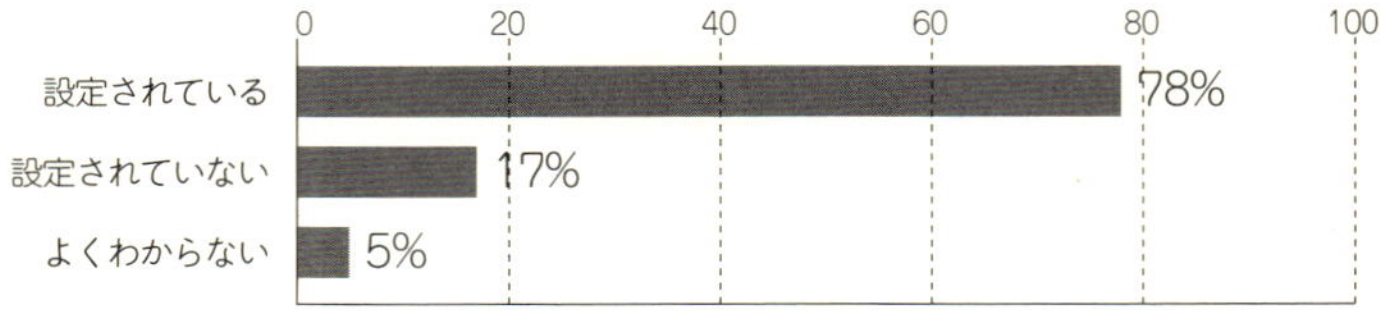

グラフ⑧　科目等（芸術科目を除く）の選択導入時期

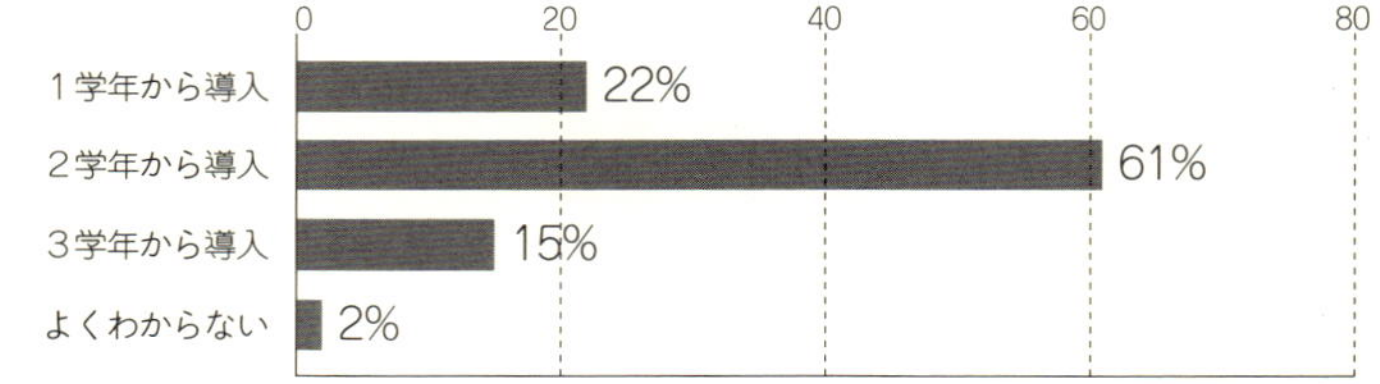

グラフ⑨　卒業に必要な修得単位数の下限

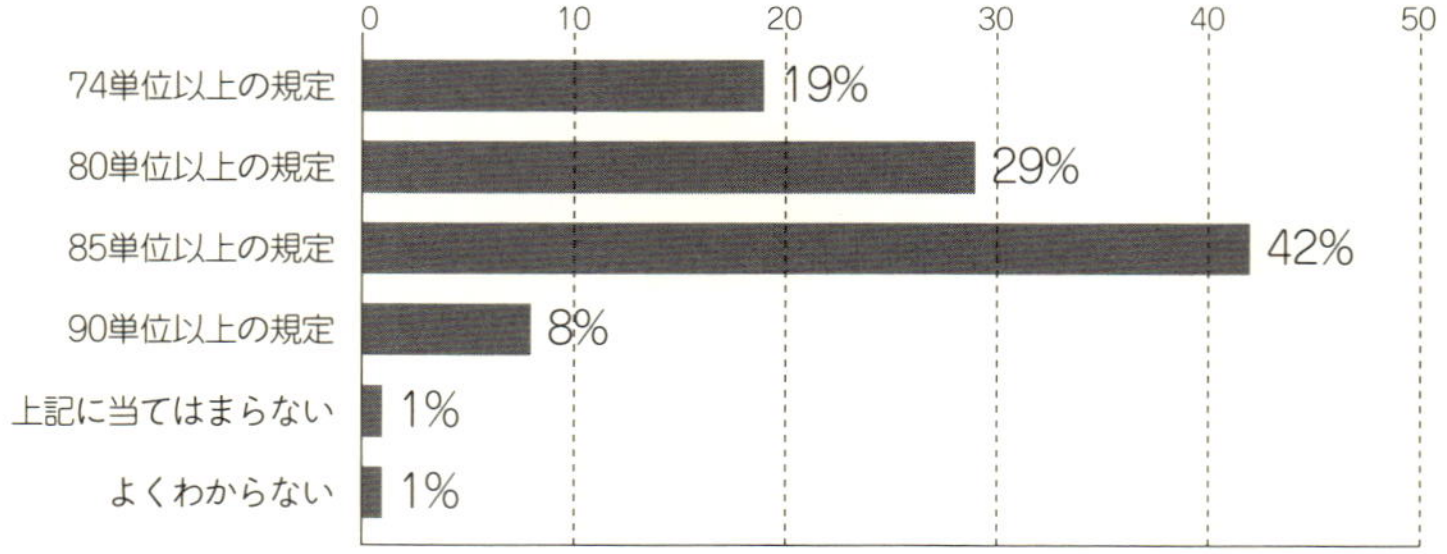

グラフ⑩　年間計画の授業の進度と時間数（複数回答3つまで）

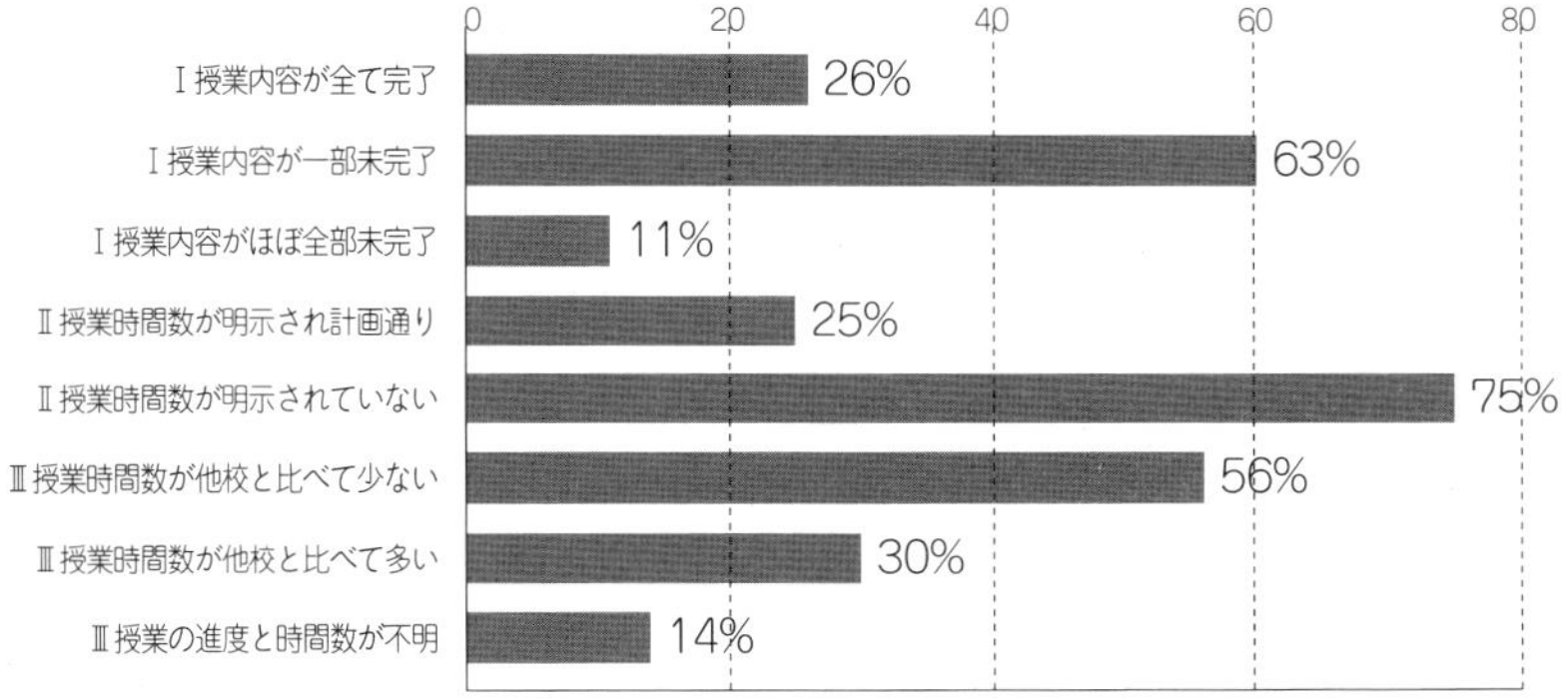

グラフ⑪　1単位時間の授業の時間

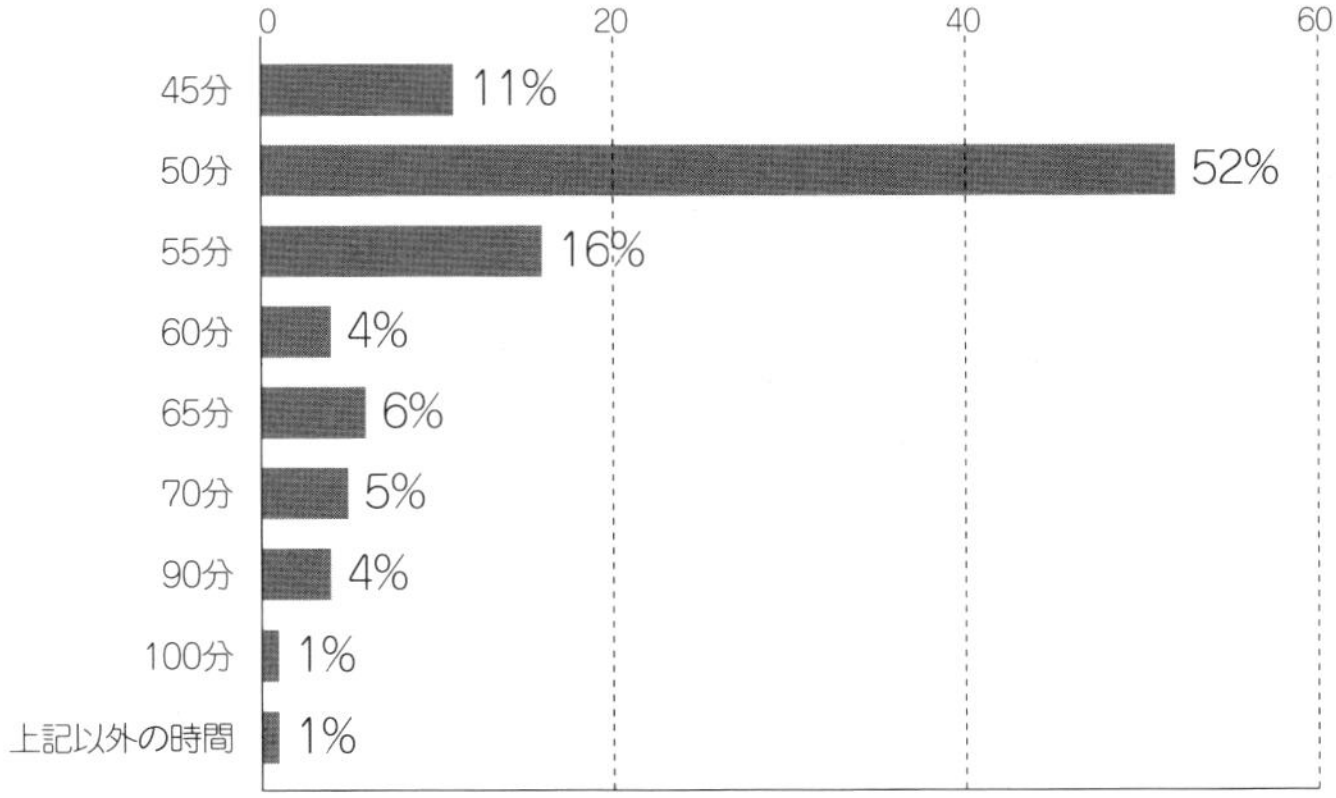

グラフ⑫　在籍校の学期制

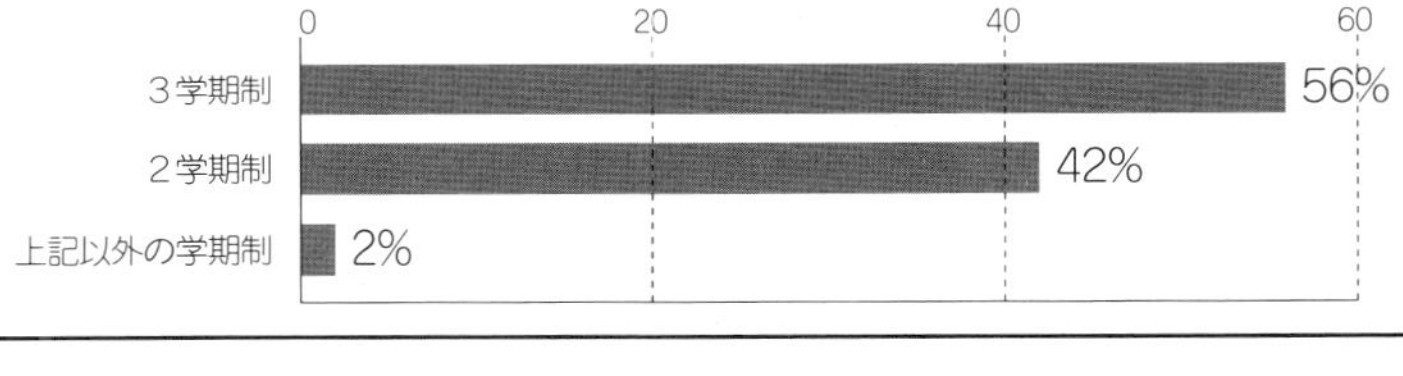

グラフ⑬　教科の授業方法(全体的傾向)

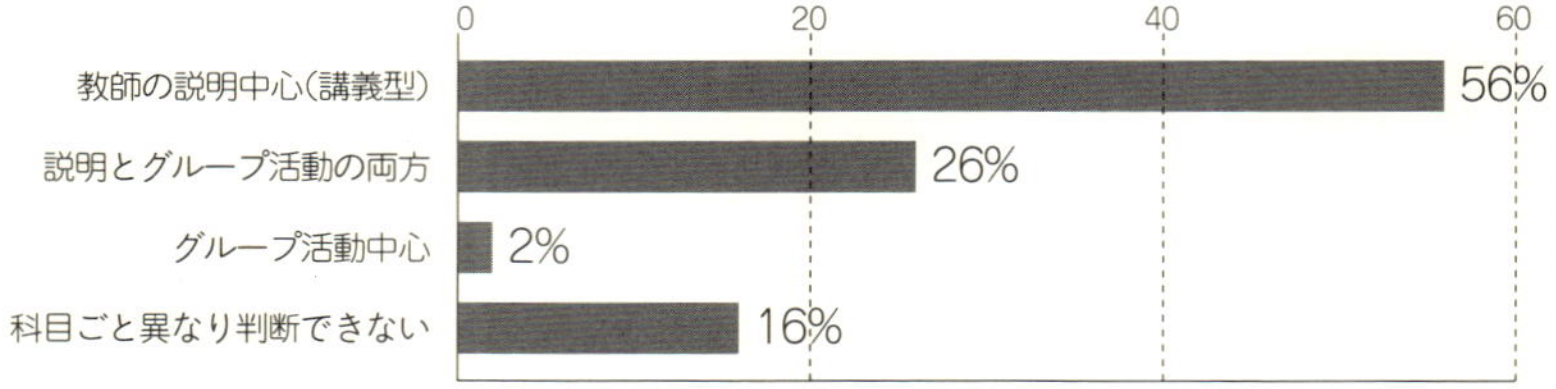

グラフ⑭　習熟度別クラス編成の導入

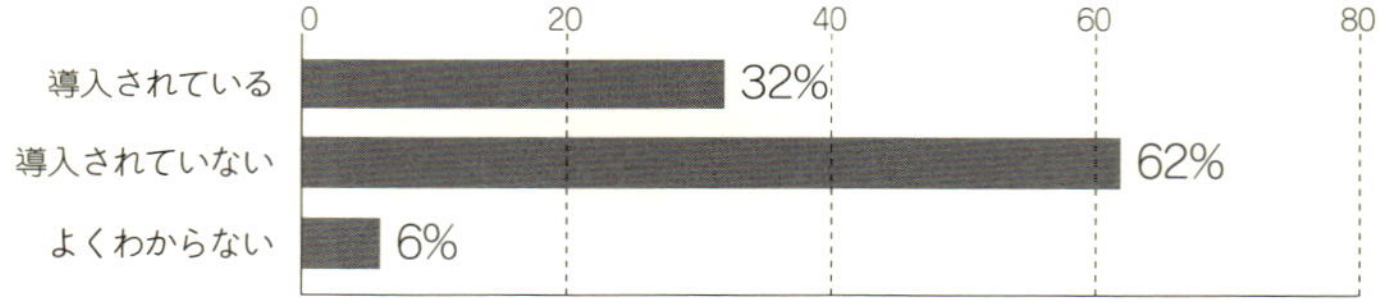

グラフ⑮　学期ごとの試験回数

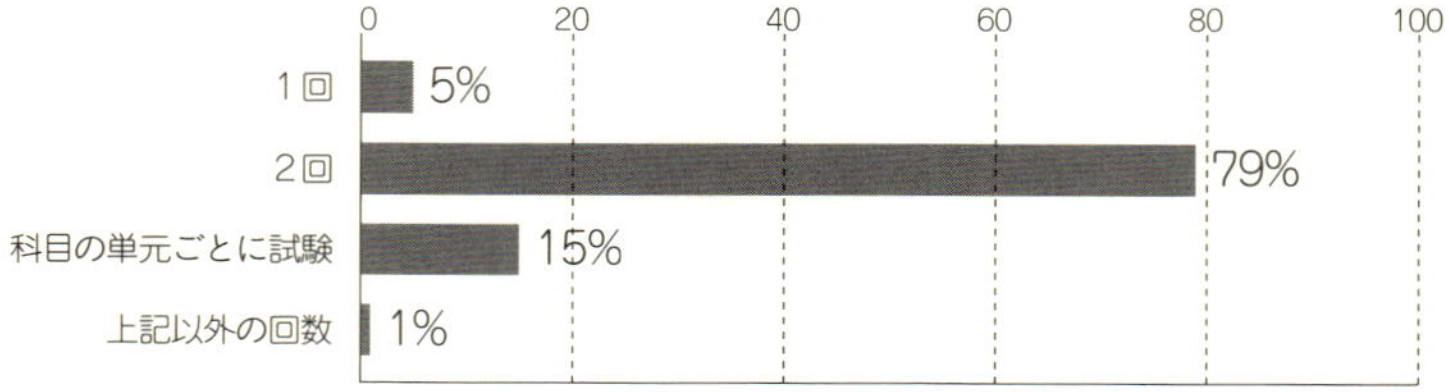

グラフ⑯　土曜授業の導入状況

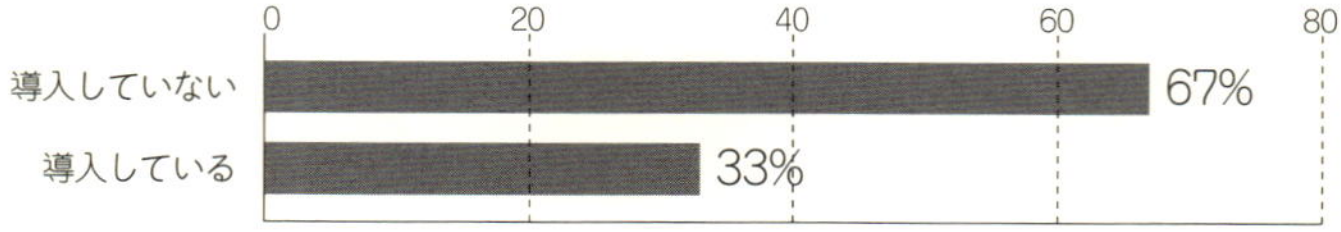

⑰の自由記述に関する回答で多く寄せられた意見には、「夏休みの日数が1年生の時に比べて減った」「大学入試センター試験がどのように変わるか不安である」「若い先生が毎年増えてきている」「学校行事が年々縮小され、日数が減っている気がする」「授業の中でのグループでの学習活動がいろいろな教科で行われ、以前と比べて授業中の座席移動が激しくなってきた」などがあった。

◆カリキュラムの方針策定（Vision）

データ等確保の調査（Research）の段階に続いて、次の方針策定（Vision）の段階は、実際に学校としてカリキュラム開発に着手する最初の段階に位置する。総則例示によれば、次の項目が該当する。

(1) 教育課程の編成に対する学校の基本方針を明確にする。

総則例示では前掲の項目(1)の表記に続いて、教育課程の編成すなわちカリキュラム開発に向けての姿勢や計画策定に向けての大綱の必要性とその活用方法について次のように記載している。

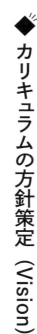

基本方針を明確にするということは、教育課程の編成に対する学校の姿勢や作業計画の大綱を明らかにするとともに、それらについて全教職員が共通理解をもつことである。
ア　学校として教育課程の意義、教育課程の編成の原則などの編成に対する基本的な考え方を明確にし、全教職員が共通理解をもつ。
イ　編成のための作業内容や作業手順の大綱を決め、作業計画の全体について全教職員が共通理解をもつ。

ここでは、教育課程編成を含むカリキュラム開発に向けての基本方針を大綱として説明し、カリキュラムの意義や計画策定の原則、策定された大綱の全教職員の理解の必要性を指摘している。これについては、具体的に学校全体、言い換えれば学校の設置趣旨や学校教育目標に照らして学校経営の方針や計画との関係性はどのようであるか、この点を踏まえながら、各学校ではカリキュラム・マネジメントのVision（方針策定）の段階におけるカリキュラム・ポリシーの策定に取り組む必要がある。この点は、前章のカリキュラム開発ビジョンにあたる。

各高等学校では、「移行期間における基本方針」にあるように、まずは学校全体で「「知識及び技能」「思考力、判断力、表現力等」「学びに向かう力、人間性等」をバランスよく育成する」ための新しいカリキュラム開発を考えたい。そのために、学校教育目標に照らした開発方針を設定し、カリキュラム・マネジメントの視点からも実施に向けた人的及び物的な環境整備を含めた検討を次のような組織構造で、計画的に進めていくことになる。

学校の設置趣旨

◆学校教育法等の諸法令に基づき設置に関して示されたもの
◆公立学校「設置条例」
◆私立学校「建学の精神」等

↓

学校教育目標

◆学校の設置趣旨に照らし、生徒や学校、地域社会等の実情を踏まえた学校としての教育目標として設定したもの
◆学校での教育を通じて達成をめざす明確な教育目標になっていること

↓

学校経営ビジョン

カリキュラム・ポリシー〔方針〕

◆カリキュラム開発とカリキュラム・マネジメントにかかる学校としての姿勢や作業計画の大綱を定め、全教職員で共通理解を図ること
◆学校全体での教育活動を通じて学校教育目標を達成できる明確な方針であることを学校はもとより、コミュニティ・スクールの場合は学校運営協議会でも理解を深めることが肝要となること

↓

学校経営計画

カリキュラム開発へ
〔教育課程編成〕〔計画〕
→実施・評価の計画含む

新学習指導要領解説の総則編には、カリキュラム・マネジメントの確立に向けて「手順の一例」が示された。その最初の取組として「(1)教育課程の編成に対する学校の基本方針を明確にする」ことが取り上げられ、次のように解説されている。

ア　学校として教育課程の意義，教育課程の編成の原則などの編成に対する基本的な考え方を明確にし，全教職員が共通理解をもつ。
イ　編成のための作業内容や作業手順の大綱を決め，作業計画の全体について全教職員が共通理解をもつ。

新学習指導要領に対応したカリキュラム開発、そしてカリキュラム・マネジメントの確立に向けては、まず「学校の基本方針」を明確にすることを指摘している。これまでも新たな教育課程編成に先立って各学校では編成の考え方や方針、スケジュールを立案・決定してから取り組んできた経験があるだろう。ここでは、各学校が全教職員の共通理解を図ることを目的に、カリキュラム開発の中で計画の最初の段階として、教育課程編成及び作業計画の大綱として基本方針を明確にしてからさまざまな作業を進めていくことを重視・徹底する必要性を改めて整理している。

学校でのカリキュラム開発にとって入口に位置するこの段階は、管理職や主幹教諭や指導教諭、教務担当教員など一部の教員だけで取り組むのは適当でない。質の高い教育を提供し、社会で求められている資質・能力の育成をめざす授業づくりを進め、指導改善に取り組む教員一人ひとりが主体的・積極的にかかわる必要がある。これは全教職員がカリキュラム開発にかかわる前提となる取組であるため、特段の留意と丁寧な対応を学校に求めているといえる。

この基本方針への具体的な取組として、筆者が薦めているのが学校としての「カリキュラム・ポリシー」の策定である。カリキュラム・ポリシーは、学校全体のカリキュラム開発とカリキュラム・マネジメントに関する基本的な方針をまとめたものである。これに基づいて新たなカリキュラムの開発と教育課程編成等を行っていくことから考えると、とても重要な役割を担っている。高等学校の場合、カリキュラム・ポリシーを形成する骨子となる内容は次のように整理できよう。

① 学校の設置趣旨や教育理念（私学では建学の精神）に基づく学校教育目標やめざす生徒像を踏まえたカリキュラムの特性を表記する
② 設置する課程・学科の特性を踏まえた教育課程編成の考え方とその実施に向けた指導体制の特性を表記する
③ 生徒の学習ニーズや進路希望等に対応した科目とその配置の特性を表記する
④ カリキュラムを通じて学ぶ学習内容の特性のみならず、社会で求められる資質・能力（主体的・対話的で深い学びの姿勢と行動力、論理的思考力や問題解決能力、コミュニケーション能力、社会参加・社会貢献など）の育成の在り方等を表記する
⑤ カリキュラム・マネジメントの特性（地域との協働・連携の在り方、教育環境の整備・充実の内容、生徒による授業評価・カリキュラム評価や生徒学習ポートフォリオの導入、カリキュラム改善の方法など）について表記する

カリキュラム・ポリシーの策定にあたっては、学校経営における中核をなす学校全体のカリキュラム・マネジメントの方針に直接つながるものであることから、校長のリーダーシップによる学校の経営ビジョンや学校経営計画との関係性を十分に考慮しなければならない。その一方で、生徒・保護者との対話、地域との対話、関係機関との対話などを教職員と協働し一体となって取り組む管

理職の行動力と学校総ぐるみでの取組が肝要である。それには、生徒や地域等の実情や期待、学校教育・生徒学習課題の現状と課題を根拠データに基づいて共通理解を図ったうえで、カリキュラム開発とカリキュラム・マネジメントの方向性を共有して取り組む必要があることから、カリキュラム研究としての機能を学校に定着させる必要性を指摘できよう。

これについては次章で詳しく述べることにする。

◆カリキュラムの計画（Plan）

カリキュラム開発等に求められる根拠（論拠）となるデータとは一体何か。言及するまでもなく、開発にとって有用なデータということになろう。それらのエビデンスとなるデータを整理・分析して、カリキュラム開発（教育課程編成など）の方針を策定するプロセスを経て、開発の計画段階に入る。これは、カリキュラム・マネジメントのサイクルでは最初の取組となる。

カリキュラムの計画（Plan）段階については、総則例示によれば次の項目が該当する。

(2) 教育課程の編成・実施のための組織と日程を決める。
(4) 学校の教育目標など教育課程の編成の基本となる事項を定める。
(5) 教育課程を編成する。

総則例示では前掲の項目(2)の表記に続いて、教育課程の編成すなわちカリキュラム開発に向けての組織の編成と位置づけ等について次のように記載している。

教育課程の編成・実施は、校長のリーダーシップの下、組織的かつ計画的に取り組む必要がある。教育課程の編成・実施を担当する組織を確立するとともに、それを学校の組織全体の中に明確に位置付ける。また、編成・実施の作業日程を明確にするとともに、学校が行う他の諸活動との調和を図る。その際、既存の組織や各種会議の在り方を見直し必要に応じ精選を図るなど業務改善の視点をもつことも重要である。

ア　編成・実施のための組織を決める。

(ア)編成・実施に当たる組織及び各種会議の役割や相互関係について基本的な考え方を明確にする。

(イ)編成・実施に当たる組織及び各種会議を学校の組織全体の中に位置付け、組織内の役割や分担を具体的に決める。

イ　編成・実施のための作業日程を決める。

分担作業やその調整を含めて、各作業ごとの具体的な日程を決める。

ここでは、教育課程の編成すなわちカリキュラム開発に向けては学校全体で校長のリーダーシップのもと組織的・計画的に取り組む必要があることを指摘したうえで、担当にあたる組織を確立すること、またその組織は学校の組織全体の中に明確に位置づけるとある。すなわち、学校運営上の中核となる組織として位置づけることを説明している。続いて、作業日程の明確化と分担作業での調整を含めた具体的な日程をここで決定する必要も述べている。

カリキュラム開発（教育課程編成を含む）を担当する学校内の組織は、すでに各学校の学校経営の方針や計画、特性等に応じて組織体制が確立しているが、改めて上記の総則例示の内容を確認するとともに、「⑷学校の教育目標など教育課程の編成の基本となる事項を定める。」ということから、学習指導要領の改訂内容に基づく事項の特性があれば、その内容に準拠した組織の改編に取り組む必要がある。

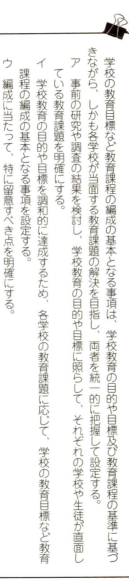

次に、総則例示では前掲の項目⑷の表記に続いて、教育課程の編成すなわちカリキュラム開発の基本となる事項を学校内で規定することについて次のように記載している。

> 学校の教育目標など教育課程の編成の基本となる事項は、学校教育の目的や目標及び教育課程の基準に基づきながら、しかも各学校が当面する教育課題の解決を目指し、両者を統一的に把握して設定する。
>
> ア　事前の研究や調査の結果を検討し、学校教育の目的や目標に照らして、それぞれの学校や生徒が直面している教育課題を明確にする。
>
> イ　学校教育の目的や目標を調和的に達成するため、各学校の教育課題に応じて、学校の教育目標など教育課程の編成の基本となる事項を設定する。
>
> ウ　編成に当たって、特に留意すべき点を明確にする。

ここでは、教育課程編成を含むカリキュラム開発に向けて、学習指導要領の改訂内容に基づく教育課程の基準として整理された事項と編成上の留意点を明確にしながら、あわせて、学校としての教育目標の調和的な達成と教育課題の解決に向けた基本となる事項を明確にして取り組むことが指摘されている。つまりは、カリキュラム開発（教育課程編成を含む）にあたっての作業上の共通理解を図っておくべき全体の事項を整理しておくことであり、筆者はこれについて、カリキュラム開発とカリキュラム・マネジメントのフレームワークの設定（後述）と称することにする。

このフレームワークの設定にあたっては、新学習指導要領解説の総則編の中で「総則改正の要点」としてまとめられている項目等を参照しながら、各学校のカリキュラム開発とカリキュラム・マネジメントにとって有用な項目を検討することになる。そこで、新学習指導要領の総則改正の要点を改めて見てみよう。

(1) 総則改正の基本的な考え方

① 資質・能力の育成を目指す主体的・対話的で深い学びの実現に向けた授業改善
② カリキュラム・マネジメントの充実
③ 生徒の発達の支援、家庭や地域との連携・協働

(2) 構成の大幅な見直しと内容の主な改善事項

① 高等学校教育の基本と教育課程の役割（第1章総則第1款）
② 教育課程の編成（第1章総則第2款）
ア 各学校の教育目標と教育課程の編成（第1章総則第2款1）
イ 教科等横断的な視点に立った資質・能力の育成（第1章総則第2款2）
ウ 教育課程の編成における共通的事項（第1章総則第2款3）
エ 学校段階等間の接続（第1章総則第2款4）
オ 通信制の課程における教育課程の特例（第1章総則第2款5）
③ 教育課程の実施と学習評価（第1章総則第3款）
ア 主体的・対話的で深い学びの実現に向けた授業改善（第1章総則第3款1）

イ 学習評価の充実（第1章総則第3款2）
④ 単位の修得及び卒業の認定（第1章総則第4款）
⑤ 生徒の発達の支援（第1章総則第5款）
ア 生徒の発達を支える指導の充実（第1章総則第5款1）
イ 特別な配慮を必要とする生徒への指導（第1章総則第5款2）
⑥ 学校運営上の留意事項（第1章総則第6款）
⑦ 道徳教育に関する配慮事項（第7款）

この解説に示された項目等に、各高等学校の教育目標の調和的な達成と教育課題の解決に向けた基本となる事項を加えたものにより、フレームワークとして設定するところとなる。フレームワークとは、各学校のカリキュラム・ポリシーに基づき、教育目標の実現に向けて、カリキュラムの開発内容に関する検討項目を整理したものである。また、前掲の総則改正の要点や教育委員会等の教育行政機関が示す方針、学習者のニーズ、保護者・地域住民等の要請等を踏まえて教育活動を精選し、指導計画等の策定とその実施に必要な条件整備の概要としてまとめていくものである。

このフレームワークは、実際にカリキュラム・マネジメントが上手く機能するためにも、カリキュラムの計画にあたって、イメージとして全体を俯瞰するものとして重要な役割を担っている。学校では実際にカリキュラムをマネジメントして実務を担う教務関係の教員と、管理職の中でも教務担当とともに管理・監督を担う教頭等は、単位数と授業時数の確保、調整・管理の高い知識とスキルが求められる。年間を通じて授業と学校行事等とのバランスや時間数の調整を図って、学期・

月・週を単位とする時間の管理と調整、時間割・日課表の工夫と調整を日々行っていくことになる。その意味でも、カリキュラム開発における計画段階の入り口にあたるこのフレームワークの設定作業は、教育課程編成の作業とも連動する重要な取組であり、学校全体で教職員一人ひとりがカリキュラムの在り方を共通に理解するうえで大きな役割を担っている。

このフレームワークの設定をきっかけに、各学校では、計画的に時間を確保し、カリキュラム開発における教育課程編成から授業等指導の実施・評価・改善までのカリキュラム・マネジメント機能に基づく具体的な取組方法をも確立した「学校のトータル・カリキュラム」を形成し、その運用に向けて学校内外に情報発信し、理解と協力を得て取り組む必要がある。

さらに、総則例示では前掲の項目(5)の表記に続いて、教育課程の編成すなわちカリキュラム開発における各種の計画策定に向けての内容と、カリキュラム・マネジメントに関するカリキュラムの運用規程の内容を記載している。

教育課程は学校の教育目標の実現を目指して、各教科・科目等及び指導内容を選択し、組織し、それに必要な単位数や授業時数を定めて編成する。
ア　学校の教育目標の効果的な達成を図るため、重点を置くべき事項を明確にしながら、修得総単位数や各年次の修得単位数、類型の有無や種類、必履修教科・科目と選択科目などの構成と履修年次、総合的な探究の時間、特別活動の位置付け等教育課程の基本的な構造について、相互の関連を考慮しながら定める。
イ　各教科・科目等及びその指導内容を選択し、定める。

(ア) 各教科・科目（必履修教科・科目、選択科目、学校設定教科・科目）の構成、総合的な探究の時間の内容、特別活動の構成等を具体的に定める。

(イ) 指導内容について、その基礎的・基本的な知識及び技能を明確にする。

(ウ) 各教科等の指導において、基礎的・基本的な知識及び技能の確実な習得と思考力、判断力、表現力等の育成を図るとともに、主体的に学習に取り組む態度を養う指導の充実や個に応じた指導を推進するよう配慮する。

(エ) 学校の教育活動全体を通じて行う道徳教育、体育・健康に関する指導及び就業やボランティアに関わる体験的な学習の指導について、適切な指導がなされるよう配慮する。

(オ) 学習の基盤となる資質・能力や現代的な諸課題に対応して求められる資質・能力など、学校として、教科等横断的な視点で育成を目指す資質・能力を明確にし、その育成に向けた適切な指導がなされるよう配慮する。

(カ) 生徒や学校、地域の実態に応じて学校が創意を生かして行う総合的な探究の時間を適切に展開できるよう配慮する。

(キ) 各教科等の指導内容に取り上げた事項について、主体的・対話的で深い学びの実現に向けた授業改善を通して資質・能力を育む効果的な指導ができるよう、単元や題材など内容や時間のまとまりを見通しながら、そのまとめ方や重点の置き方を検討する。

ウ　各教科・科目等及びその指導内容を組織する。

(ア) 基礎的、基本的な指導を重視するとともに、発展的、系統的な指導ができるように類型や年次に応じ、各教科・科目等を配列し組織する。また、指導のまとめ方、指導の順序及び重点の置き方に工夫を加える。

(イ) 各教科・科目、総合的な探究の時間及び特別活動について、各教科・科目等間の指導内容相互の関連を図る。

(ウ) 各教科・科目等の指導内容相互の関連を明確にする。

(エ) 発展的、系統的な指導ができるように指導内容を配列し組織する。

エ　単位数や授業時数を配当する。
(ア)　指導内容との関連において、各教科・科目、総合的な探究の時間及び特別活動について、それぞれの単位数や授業時数を定める。
(イ)　各教科・科目等や学習活動の特質に応じて、創意工夫を生かし、1年間の中で、学期、月、週ごとの各教科・科目等の授業時数を定める。
(ウ)　各教科・科目等の授業の1単位時間を、生徒の発達の段階及び各教科・科目等や学習活動の特質を考慮して適切に定める。

総則例示のこの説明は、これまで各高等学校で行われてきた教育課程編成における各教科・科目等及び指導内容を選択し、組織し、それに必要な単位数や授業時数を検討し規定していくものであり、それらを順序立てて一つひとつ計画していく取組を教職員は経験してきた。今回改訂でも、総則に基づき、各教科等領域の目標や内容、特性を考慮して学校全体レベルや教科・科目レベルでの年間指導計画やそれを細分化した学期や単元（題材）による内容のまとまりごとの計画を作成して、それぞれの計画段階に応じたカリキュラムについて創意工夫して形成に努める。そして、それらの計画を組み合わせて、学校全体の総体化・総合化した学校カリキュラムとして開発していくことになる。新学習指導要領に示された各教科、科目、総合的な探究の時間、特別活動の各領域については、それぞれの特性に基づく資質・能力が明確にされた目標が掲げられ、内容も示されている。これまでどおり、学校設定教科・科目は、特色ある教育課程の編成に資するよう、引き続き設置可能である。たとえば学校設定科目では、その科目が属する教科に基づき、高等学校教育としての水準の確保に十分配慮して、目標や内容を定めて設置することが可能である。

今回改訂では、教科の科目内容についても整理された。新設科目をもって再編された教科も複数あることから、科目の大幅な見直しが図られた学習指導要領といえる。したがって、総則編の解説に基づいて、単位数の増減を明確な理由をもって適正に設定することを検討したうえで、それ以外に必要となる学校設定教科・科目の設置に取り組むこととなる。とりわけ、後者の設置に関しては、改訂の趣旨や理念に基づく資質・能力を明確にする必要があり、この点に留意して各学校では取り組むことを薦めたい。

こうした視点で見ると、従前の教育課程編成やそれを表現し、整理した教育課程表では表しきれないものがあることを理解できよう。特に今回改訂では、総則で重視されていることとして次の2つの点が挙げられる。1つが、教科等横断的な指導によって育まれる資質・能力をしっかり見いだして、教科・科目を他の教科・科目とあるいは総合的な探究の時間や特別活動の領域との横断的で総合的な指導の場面や機会を創出して取り組むことと、もう1つが公民科の公共や倫理、特別活動が基幹の領域となって学校教育全体で推進していくことが求められている道徳教育とがある。したがって、これら2つのことをカリキュラム開発において位置づけ、計画段階でも実施を想定した学校が設定する目標に照らした指導と評価を単元レベルで計画していきながら、総合化したカリキュラムとして練り上げていくことが新たに求められているといえる。

具体的には、まず各教科・科目等領域において、それぞれ学習内容のまとまりごとの単元を明確にする。そして、全体あるいは年間を通じて学期・月の区分で単元の配列構成（以下、単元配列）を明確にした、学年（年次）を単位とした「カリキュラム・マップ」（第2章参照）を指導計画の外観として図示化することである。それによって、学校全体で各教科・科目等領域の単元構成について十分に理解を深めたうえで、次に全体計画や年間指導計画を単元レベルに基づいて設計していくことである。

そして最後に、学校全体レベルのトータルカリキュラムとして総合化する。その際、できればトータルカリキュラムの図示化（いわゆる「カリキュラム・デザイン」としての概要図に該当）をも試みて俯瞰したい。そうして、もう一度、「学校グランドデザイン」から開発したカリキュラムの総体を確認し、必要な調整を行っていくことである。

このように「学校グランドデザイン」のみならず、「カリキュラム・マップ」や「カリキュラム・デザイン」等の図示化した資料の作成は、教職員全体への共通理解を図ることに資する。さらに、生徒保護者や地域住民等への理解と協力を得る点でも効果的といえる。

学校全体のカリキュラムはそれぞれのレベルで計画されるものを整理すると、次のような全体計画と年間指導計画等の構造となる。

次ページの図は、学校のカリキュラム開発の構造を示したものである。この場合、A～Eまでの個々のレベルのカリキュラム開発をすべて包括して総体化・総合化したものが学校全体カリキュラムということをイメージしている。カリキュラム開発は、目標と内容と方法の3つの要素によって

学校のカリキュラム開発の構造（計画段階）

A（学校全体レベル）　総合的な探究の時間「全体計画」「年間指導計画」
特別活動「全体計画」「年間指導計画」
道徳教育「全体計画」「年間指導計画」

↓↑

B（教科レベル）　各教科・科目「年間指導計画」

↓↑

C（教科等横断レベル）教科等領域横断的指導「年間指導計画」

↓↑

D（学年別レベル）　教科、総合的な探究の時間、特別活動、道徳教育「年間指導計画」

↓↑

E（生徒特別配慮レベル）　教科等領域ごとの「個別の指導計画」
（あわせて「個別の教育支援計画」）

取り組まれ、その開発の条件となるのは、カリキュラム・マネジメントの各サイクル段階に連動し、指導計画・教材開発・指導組織・学習形態・学習評価・各教科等領域との連関の概ね6つのことを整える必要があり、これらはいずれのカリキュラム開発のレベルでも同様であり、共通に行われなければならない。このうち、各教科等領域との連関は、Cレベルのカリキュラム開発に集約されるところとなるが、このレベルが今回改訂で総則改正の要点でも触れられ、新規に加わったものである。ここでの取組は、「生きる力」の育成をめざして、言語能力、情報活用能力、問題発見・解決能力等の学習の基盤となる資質・能力を身に付ける教育活動を工夫するとともに、現代的な諸課題に対応して求められる資質・能力を育む教科等領域の複数の横断的な指導を通じて行われることになっている。

　Cレベルのカリキュラム開発では、それらの資質・能力を生徒が確実に身に付けていくうえでも、教科・科目と「総合的な探究の時間」とのコラボレーション、キャリア教育・進路指導を内容とした取組を想定した場合には、特別活動と「総合的な探究の時間」とのコラボレーションがそれぞれ考えられる。したがって、各学校ではこれまでの指導経験をいかしながらも、生徒のニーズや学校の特性等を踏まえて横断的・総合的な視点で指導計画を立案するとともに、学年ごと縦断的に系統性や各段階で目標達成をめざす諸能力を設定し、その実現のための適正な学習活動並びに指導の在り方を計画することが求められる。

　またここでは、言語能力、情報活用能力、問題発見・解決能力等の学習の基盤となる資質・能力を身に付ける教育活動に向けて、その導入では高校生としての「学び方の学習」いわゆるラーニング・スキルの指導と学習活動をしっかりと位置づけることも考えたい。そのためには、先進的なカリキュラム開発研究に取り組んだ研究開発学校等の成果からも、学ぶべきところは多いだろう。近年は大学においても、アカデミック・スキルとして初年次教育に位置づけて取り組んでいるところも増えている。今後は高等学校においても、これまでの「総合的な探究の時間」の指導を通じて蓄積されたノウハウを各学校において整理し、ラーニング・スキルとして「学び方の学習」の導入・定着を計画的に進めていくことも薦めたい。

　その他のA～Eのレベルの各取組は、これまで各学校・教職員が取り組んできた経験をいかして、今回の改訂の内容に基づいて取り組んでいくところである。ここでは高等学校として「共通性の確保」に配慮した教科・科目等の適正な配置と指導を、カリキュラム開発上で明確にしていく必要がこれまで以上にあると筆者は考える。

また今回改訂では、次の2つのことに留意して取り組んでいくことも重要な視点となっている。その1つは、Bレベルは教員個々のレベルでカリキュラム開発する状況が長らく浸透し、それを継続している学校も少なくないが、今後は学校全体において当該組織が取り組んだカリキュラム開発をすべての教職員が共通に理解し、教科や学年、さらには横断チームで開発したカリキュラムを担当教員が組織の一員として科目等指導にあたるという、組織的・機動的なレベルでの授業実践そして授業改善につながるようにすることである。

もう1つはEレベルの対応である。生徒の発達の状況や中学校までの学力達成の状況、あるいは海外から入国して在籍している生徒の状況など、さまざまな生徒の状況に応じて、まさに「多様性への対応」に配慮した指導や支援の準備にも担当組織を用意して対応を図りたい。そのために、学校全体で個別の指導計画と個別の教育支援計画を策定し、全教職員が共有して当該の生徒個々にきめ細かく対応していくことが求められていることである。

ところで、新学習指導要領解説を読むと、カリキュラムの計画段階で求められている計画内容については、「全体計画」と「年間指導計画」と2つの計画の在り方が説明されている。

総合的な探究の時間

「総合的な探究の時間が実効性のあるものとして実施されるためには、地域や学校、生徒の実態や特性を踏まえ、各教科・科目等を視野に入れた全体計画及び年間指導計画を作成することが求められる。全体計画とは、指導計画のうち、学校として、入学してから卒業するまでを見通して、この時間の教育活動の基本的な在り方を概括的・構造的に示すものである。一方、年間指導計画とは、全体計画を踏まえ、その実現のために、どのような学習活動を、どのような時期に、どのくらいの時数で実施するのかなどを示すものである。」（『高等学校学習指導要領解説　総合的な探究の時間編』（p39））

特別活動

「特別活動の目標は、特別活動の各活動・学校行事の実践的な活動を通して達成されるものであり、その指導計画は、学校の教育目標の達成する上でも重要な役割を果たしている。したがって、調和のとれた特別活動の全体計画と各活動・学校行事の年間指導計画を全教職員の協力の下で作成することが大切である。ここで示した「特別活動の全体計画」とは、特別活動の目標を調和的かつ効果的に達成するために各学校が作成する、特別活動の全体の指導計画のことである。（中略）この特別活動の全体計画に基づいて、年間を通じたホームルーム活動、生徒会活動、学校行事ごとの目標、その内容や方法、指導の流れ、時間の配当、評価などを示したものが、「各活動・学校行事の年間指導計画」である。」（『高等学校学習指導要領解説　特別活動編』（p104-105））

総則

教育計画・指導計画

「教育課程は、各教科・科目、総合的な探究の時間及び特別活動についてそれらの目標を達成するために、教育の内容を学年ごとに、または学年の区分によらずに授業時数や単位数との関連において総合的に組織した学校の教育計画であり、それを具体化した計画が指導計画であると考えることができる。学校における実際の作成の過程においては両者を区別しにくい面もあるが、指導方法、使用教材など具体的な実施に重点を置いたものが指導計画であるということができる。（中略）「指導計画は、各教科・科目、総合的な探究の時間及び特別活動のそれぞれについて、指導目標、指導内容、指導の順序、指導方法、使用教材、指導の時間配当等を定めたより具体的な計画である。一般的には、指導計画には、年間計画から、学期ごと、月ごと、週ごと、単位時間ごと、あるいは単元、教材、主題ごとの指導案に至るまで各種のものがある。」

（「高等学校学習指導要領解説　総則編」（p97-98））

道徳教育

「高等学校の道徳教育の全体計画は、人間としての在り方生き方に関する教育の基本的な方針を示すとともに、学校の教育活動全体を通して、道徳教育の目標を達成するための方策を総合的に示した教育計画である。」

（「高等学校学習指導要領解説　総則編」（p177））

各学校では、計画の特性に留意して策定することが求められている。

上記の配慮すべき点を十分に理解し、学校のカリキュラム開発の全体を見とおして、改めて「共通性の確保」と「多様性への対応」の2つの側面から学校として共通に履修する教科・科目と領域の配置、授業時数の配当が生徒の実情や保護者・地域住民等の期待に応えるものとなっているのかを点検したい。あわせて選択科目の配置と授業時数についても生徒の学習や進路のニーズに対応したものとなっているのかを調整し、計画としての完成度を高めていくことに、学校全体で取り組んでいく必要があると指摘しておきたい。

なお、今回改訂では、教科によって新科目の設置や主権者教育やプログラミング教育など新規の内容もある。したがって、それらの実施に向けて適正な授業時数を確保して指導の充実が図られるよう、必要な単位数を定めることにも配慮して計画する必要がある。これら2つのことに取り組んだうえで、改めて計画したカリキュラム全体の科目等の配置（系統性や関連性）や単位数・授業時数の配当などの適正なバランスを担保しているか確認されたい。そして、学習者の視点に立った学びのプロセスと達成イメージが想起できるものになっているかなど、微細に総点検を重ねて練り上げていくことも必要であると、あえて指摘しておきたい。カリキュラムが洗練され、磨きのかかったカリキュラム開発を行ううえで、不可欠な取組であると考える。

総点検の視点としては、以下のようなことが挙げられている。学校として重点を置く事項・内容に照らして適正な教科・科目等領域の配置がなされているか、修得総単位数から俯瞰して必履修科目と選択科目の修得単位数や各学年（年次）や類型等での修得単位数、配置した教科・科目等領域の単位数と授業時数などの配当バランスが適正であるか、必履修科目と選択科目の構成状況について履修学年（年次）や科目系統性などが適正な状況にあるか、特別な配慮を必要とする生徒にとって適正な科目配置と単位数・授業時数の確保が図られているかなどである。これらは学校管理職やカリキュラム担当教職員にとっては見落とせない項目であり、教育指導行政にあたる指導主事等にとっては必須の指導スキルである。

ここまで見てくると、ようやく学校にとって有用なカリキュラム開発にかかる組織と作業工程が見とおせるものと考える。総則例示ではカリキュラムの計画段階における組織と日程の取組は、全体5段階の中で(2)に位置している。(4)の計画（編成）の基本となる事項の決定は、いわばVision

（方針策定）の段階と連動するものであることから、Plan（計画）段階での順序でいえば、(4)→(5)→(2)となることが理解できよう。

筆者も経験したことであるが、取組の全容が見とおせない中で、組織体制やスケジュールを決定することは、途中で後戻りすることが容易ではなくなってしまう。また、カリキュラム開発の担当にとっても信頼を損なう事態にまで発展し、学校全体が身動きの取れない状況に陥ることにもつながる。指導主事時代には数多くの学校現場でこうした光景を目撃してきた。この状況を回避するには、ラフスケッチな状態であっても、カリキュラムの全体概要をイメージして、作業内容と教職員の作業量を積算して見とおしたい。そのためにも、カリキュラム開発のグランドデザイン（前章参照）を描いて学校・教職員で理解を深めることを、計画段階の最初に行うことも提案したいところである。このことは教科等横断レベルの検討に際して、前述のカリキュラム・マップの作成も横断的な指導を検討していくうえで効果的な資料となろう。

カリキュラムの計画（Plan）段階では、上記のように複数の指導計画を構成内容として学校全体のカリキュラムとして開発していくものとして、組織的・計画的に取り組んでいくものではあるが、物理的にもかなりの作業時間を要することも看過できない。この計画策定の工程内容には、目標と指導と評価の一体化を図るプランニングと成文化・デザイン化に向けて、いくつかのパーツとしての研究と作成によって1つに合体させていくこととなる。

実際の授業では、教員による教授と生徒による学習活動の場面とで構成していくことが求められる。教授の場面では、学習の目標に照らして教材（教科書と副教材等）を選定し、学習内容の取扱いと生徒の学習理解に向けた指導方法（教授・発問等）を研究し、指導場面として整理し計画していくことになる。また学習活動の場面では、授業でのテーマとめあてに即し、教授した内容を生かして生徒が主体的に学ぶ個別ワークの設定、そして複数の生徒と対話的で協働して学ぶペアワークやグループワークの設定を意図的に配置し、それらワークタイプを組み合わせるなどして深い学びを促す学習活動を想定していくことになる。

また、評価に関しては、学習の目標と指導に照らして、評価規準・ルーブリック等を設定する。とりわけ、指導や学習活動の内容の見とりにふさわしい評価方法（観察、発問応答、授業ワークシート、実験・実習活動、テスト、レポート、作品、プレゼンテーション、ポートフォリオなど）の工夫が必要になる。そして、観点別学習状況の評価等による評価算出の方法等も検討し、設定しておくことになる。ここではカリキュラムの評価の在り方も含めて検討し、授業評価からカリキュラム全体の評価方法まで予め決めておくことも必要だと指摘しておきたい。

近年、学校のＩＣＴ利活用の環境が進む中で、それらを活用した教材開発や指導上の工夫などにも、限られた単位数・授業時数を勘案して、年間や単元を見とおしながら、単元指導計画を積み上げて年間指導計画として整理していく科目の授業設計・カリキュラム開発において、この計画（Plan）段階で留意して取り組んだことも付け加えておく。

さらに加えて、カリキュラムの計画（Plan）段階で配慮して取り組むべきこととしては、生徒の視点に立ったカリキュラム・マネジメントである。高等学校の場合は、カリキュラム開発（教育課程編成を含む）の特性を踏まえ、学習者である生徒が単位制や選択制等のしくみを理解し、自らの学習ニーズや進路希望等に応じた科目や類型等が適切に選択・決定ができるようにしたい。そのためにも、カリキュラム・マネジメントの各段階において生徒の視点に立った配慮とサポート体制等に留意して計画時に準備する必要がある。この点は、小・中学校の場合と異なる高等学校の特性の1つであるともいえる。新学習指導要領の実施に向けて学校・教職員は、改訂の趣旨や内容を踏まえた検討を進め、計画等を形づくっていくが、実際にカリキュラムを受容し、学びの利益や恩恵を受けるのは学習者である生徒自身ということになる。

これまでの先学による論及ではこの部分が弱い、あるいは欠落しているものも見られる。また、カリキュラム・マネジメントのテクニカルな部分に焦点をあてたものが少なくない。もちろん、それらの多くは生徒を見すえての取組として論じていると思われる。しかし、それでは一体、生徒にとってはどのような意義があるのか、また今後の学校にとっていかなる役割・機能を担うことになるのか。このことは前述のRV-PDCAサイクルの先頭に位置するRV段階の機能の必要性とも深く関係することである。すなわち、生徒はもとより保護者や地域住民等の思いや願いをリサーチし、分析を通じて把握し、生徒の成長にとってのカリキュラム開発とそれに基づくカリキュラム・マネジメントを実現するためには、各マネジメント段階における生徒本位となるカリキュラム・サポートを担う機能性を追求し、形成していくことが重要なのである。この点について、各高等学校においては意識して取り組むことを薦めたい。

カリキュラムの実施段階における生徒への指導・支援は、これまでも授業や教育活動での改善を通じて既にさまざまな工夫に取り組んできたところではあるが、それらの成果をいかしつつも、従前以上に今回は教科等横断的な視点から強化していくことである。高等学校の場合は、特に生徒一人ひとりの個性の伸長や進路目標等の実現に向けて、カリキュラムにかかる科目や類型等の選択の場面で、集団指導としてのカリキュラム・ガイダンスや個別相談としてのカリキュラム・カウンセリング（あるいはカリキュラム・コンサルタント）を展開したい。カリキュラムの実施前、そして実施してからの学びのプロセスにおいて、言い換えれば入学から卒業までの間、適時に的確な相談等のサポートが展開できるようにする必要がある。そのため、より一層充実した生徒のための体制づくりを行い、きめ細かく指導等に取り組んでいくことが期待される。

具体的には、前章で紹介した「学校カリキュラムセンター」を開設するなどして、学校内で学習面と進路面とを一体的な指導として取り組めるよう、カリキュラム・サポートが可能となるハードとソフトの環境を整備したものを構築することにある。その運営にあたる人的配置にも細心の対応を図る必要があり、豊富な経験を有する教職員（再任用の教職員や専門的な非常勤職員も含む）を配置することである。それ以外にも、外部の人材や機関との連携・協力にも取り組むことが必要である。生徒から寄せられる、学習や進路に対する質問や助言の要請に、専門的な見地からアドバイスできる大学や企業、就労支援等の関係機関とのネットワークを構築するなどして、サポート体制を強固なものにしていく取組も求めたい。

それら生徒本位のカリキュラム・サポートの機能を通じて、まさに生徒一人ひとりのニーズに対応していくことは、また違った効果を生む。すなわち、生徒自身の学校カリキュラムの経験により、学校として得た総体である「カリキュラム・データ」（カリキュラム記録、カリキュラム・カルテなど）がファイリング可能となるのである。これらが集積されたデータは、将来的には学校としてのビッグ・データとなる。そして、検索要件やキーワードを入力することで、学習と進路が一体となった経験を伴った過去の生徒データを、在籍する生徒にとってモデルとなるデータとして活用に供することができる。学校としてはこのデータを蓄積していくことがまさに人材育成の財産となる。

筆者は、学校がカリキュラム開発とカリキュラム・マネジメントの確立をめざす中で、生徒のカリキュラム・サポートを通じて得られたカリキュラム・データの蓄積を、学校教育のイノベーションにつながるエビデンスとして重視したい。また、カリキュラムの開発や改善に資するRV段階のデータとしても重視するものである。

少子・人口減少で生徒数減少も加速し、学校規模が小さくなる現状に対応して、生徒の人間形成や進路実現に向けて自らの将来像をイメージできるモデルを検索することのできるカリキュラム・データは、未来の学校にとって必要不可欠なものとなる。そのデータ価値の高さを認識し、各高等学校が注目し獲得するための実践的な取組を工夫していくことに期待をもって見つめていきたいと考える。こうした、生徒にとっての、また未来の学校にとってのカリキュラム・マネジメントを、計画の段階から想定して準備し、実施していくことに大いなる期待を抱いている。

◆計画策定後から実施直前までの学校と教育行政機関の役割

計画策定が終わり、実施に至る直前までの期間のカリキュラム・マネジメントに関しては、新学習指導要領に「教育課程の実施に必要な人的又は物的な体制を確保する」とある。さらに総則編には「教育課程の実施に当たっては、人材や予算、時間、情報といった人的又は物的な資源を、教育の内容と効果的に組み合わせていくこと」、また「教員の指導力、教材・教具の整備状況、地域の教育資源や学習環境（近隣の学校や大学、研究機関、社会教育施設、生徒の学習に協力することのできる人材等）などについて客観的かつ具体的に把握」することとある。

指導計画等の作業を分担してきた組織は、その後実施に向けて、授業・教育活動で使用する教材・教具等を準備するとともに、学校内での指導体制の形成や学校外での活動施設・外部人材との調整など、いわゆるさまざまな手配や段取りなどの仕込みにとりかかる。つまり、カリキュラム・マネジメントを実際進めるうえで、RV-PDCAサイクルの各段階間をつなぐ取組が重要であるということだ。特にP-D間に関しては、カリキュラム実施に向けた人的・物的な教育環境の整備に、教育行政機関が使命感をもって取り組み、責任ある対応を行うことが求められる。移行期間は、学校にとっても生徒の教育に直接あたる責任からも積極的に教育行政機関に働きかけ、準備を完了する必要がある。

また、学校内でのカリキュラム開発及びカリキュラム・マネジメントが組織的な効果を出すには、専門的な知識やスキル、そして豊かな経験を有する教員の確保と配置を確実に行うことが肝要である。教育行政機関ではこれまでも、「カリキュラム・コーディネーター」「カリキュラム・デザイナー」の育成等をめざして教員研修講座を企画・実施しているところもあるように、学校でのカリキュラム開発及びカリキュラム・マネジメントの中核となるミドルリーダーの育成に取り組んできた。今後は更に計画的に、専門的な技能等を身に付ける教職員研修等を強化することが求められる。このことは教育行政機関にとって各高等学校でのカリキュラム・マネジメントにおける条件整備の1つとして、充実した研修環境を用意することにも力を入れて取り組んでほしい。

カリキュラム・マネジメントが学校において機能し定着するには、カリキュラムに関する専門的な教員としてのミドルリーダーの育成とともに、学校内では校内研修を通じて教職員全体の力量向上に取り組むことも重要であると指摘しておきたい。

カリキュラム・マネジメント〈第2ステージ〉

第4章

授業の研究・実践をコアとしたカリキュラム・マネジメント

■Research
エビデンスとなるデータ等の収集と分析

■Vision
カリキュラム・ポリシー策定

■Plan
フレームワークと計画策定

■Do
授業等教育活動の実践

■Check
授業・カリキュラム評価

■Action
カリキュラム課題の改善

◆第2ステージの展開

カリキュラムの計画（Plan）段階を経て実施（Do）段階を迎える場面では、学校内で教職員が組織に分かれて担当してきた分野について、それぞれの組織がコーディネーター役を務めて、円滑な実施となるよう力を入れて取り組むところである。

この実施（Do）段階のカリキュラム・マネジメントとは、一体どうあるべきだろうか。このことについて、カリキュラム・マネジメントを主題に書かれた論著にはほとんど取り上げられていないのが現状である。計画（Plan）段階のあとは多くの場合、実施（Do）を通じての評価（Check）段階と改善（Action）段階に注目し、そこでの取組方法や留意点についての考察や実践事例の紹介が述べられているのに過ぎない。

この実施（Do）段階での取組内容と状況が計画どおりに進められていなければ、あるいは計画に不備があれば、めざす目標を達成できないという大きな課題を抱えることになる。実施の進捗を管理し、質的にも量的にも授業・教育活動が充実した実施結果となり、成果を見いだすには、カリキュラムを推進する組織がしっかりとそうしたマネジメント管理を行っていなければ、次の評価（Check）段階と改善（Action）段階につながらないことが予測される。そうならないために、ここでの取組の在り方を見ていきたい。

◆カリキュラムの実施（Do）

この実施（Do）段階については、総則編にはどう記載され、また総則例示にはどのような記載があるのかを調べてみた。すると、前者には実施直前の人的・物的な実施に向けた準備や整備の対応内容が述べられているが、総則例示にはこの段階の記載は見あたらない。

しかしながら、実施（Do）段階のカリキュラム・マネジメントとしては、筆者の経験からは、概ね次のようなマネジメント管理を果たしてきたことを挙げることができる。

①
カリキュラム実施の質的な進捗把握と推進の統括・管理
・計画策定に取り組んできた組織がコーディネーター役となり、他の教職員による実施に向けた指導・支援と進捗の管理
・学校内における学校・学年レベルでの教育活動について、担当組織及び教頭による実施に向けた指導・支援と進捗の管理
・学校内における学校・学年レベルでの教育活動について、担当組織及び副校長（あるいは校長）による実施に向けた指導・支援と進捗の管理
・実施中の課題整理と実施の成果把握・記録の収集・管理など

②
カリキュラム実施の量的な進捗管理と推進の統括・管理
・カリキュラム計画に即して授業・教育活動の実施状況が単位数に応じた授業時数となるよう確保・調整し、担当組織及び教務担当、教頭による量的な管理

・実施中の課題整理と実施の成果把握・記録の収集・管理など

実施（Do）段階では、教育活動の実施主体による分類から、学校・学年レベルでの学校全体での取組と、授業レベルでの教科・科目等の担当教員での取組とに分けて、前述のような質的・量的な2つの側面から実施上の管理をしていくことになる。ここでは、カリキュラム実施によって最もカリキュラム・マネジメントのコアとなり、教育の質的成果を見とる指標ともなる授業の研究・実践に注目する。特に教員による単元のまとまりごとの指導（教授）と、生徒の「主体的・対話的で深い学び」の実現をめざす学習活動をとおして、単元目標の学習達成と社会で求められている資質・能力の育成につながる授業づくり、そして授業改善を行うための授業研究と授業レベルのカリキュラム・マネジメントが教員個々に必要な知識・スキルといえる。

学校全体のカリキュラム開発にとって各教科・科目等領域の授業（教育活動）レベルでの取組の積み上げが総体化・総合化する要素となっていることから、まさに教員個々が重要な役割を担っている。これまでは教員個々の努力と取組成果によって総合的なカリキュラム評価を行ってきた。しかしこれからは、カリキュラム・マネジメントをいかした質の高い教育の提供をめざして、学校全体で教員集団の組織的な取組を通じて実現していくことになる。具体的には教科や学年、あるいは学校全体という組織の中で教員個々の実践的指導力や教職の専門性を発揮し、組織としての成果と課題（解決の改善方策を含む）を表出し、またいかしていく取組を、組織の中での役割分担を自覚し使命感と責任をもって取り組んでいく、集団組織の中で教員の活躍が求められるといえる。

教員一人ひとりが組織の中でカリキュラム・マネジメントの一翼を担っていることから、その意味でも実施（Do）段階のカリキュラム・マネジメントは授業レベルをコアとして注目していく必要があると考える。そこで本章では、教員個々による授業レベルのカリキュラム・マネジメントについて整理して、言及していくことにする。

◆授業レベルのカリキュラム・マネジメント

授業とは、教育目的の実現に向けて、担当する教科・科目等領域について教科書等の教材を媒介にして、目標や内容に基づき、教員の指導や生徒の学習活動を工夫して、学習者である生徒に働きかける営為をいう。学習内容や題材に応じて単元のまとまりを形成し、その単元の目標を達成するのにふさわしい単位数・授業時数を設定するとともに、他教科等での指導を意識して横断的指導等を見すえながら単元中の1単元時間の授業づくりに取り組み、最終的に科目設置の学年レベルでの年間指導計画を形成することとなる。そのため、単元を見とおす力と年間を見とおす力の両方がまず教員としての授業レベルでのカリキュラム・マネジメントの計画（Plan）段階で必要とされる知識・スキルということになる。しかしながら、この授業レベルでのカリキュラム・マネジメントにおいても、年間や単元の指導目標の設定、指導と学習活動の組合せ、評価方法の工夫にそれぞれあたる時、何を根拠として検討し、計画策定を行うかが重要である。つまり、授業レベルにおいてもRV-PDCAサイクルに基づくカリキュラム・マネジメントをいかし、調査（Research）段階と方針策定（Vision）段階をしっかり準備することで、策定にかかる当該科目のエビデンスを獲得して目標等を設定し計画を策定することから始めるという、授業づくりに対するパラダイム転換を自発的に行う必要がある。

実りある豊かな学びを学習者が受容できる授業をつくるには、まず学習者である生徒の学習状況（前校種で培われた既習の学力達成の状況のみならず、学習に対する意欲・関心なども含む）を確実に理解（生徒理解）する。そのうえで教材研究に力を注ぎ、指導計画の作成へと展開をしていくことが求められる。

生徒の学習状況の理解に向けては、一体どのようなことを根拠にしているのか。この点を曖昧にして、あるいは行われない状況で、教員が指導計画の立案や教材の研究・開発に取り組み、授業実践をした場合、生徒・保護者等に対して説明責任（アカウンタビリティー）の問題が出てくることになる。学習者によりよい教育を提供すること、授業を行うことは、まさに教員の使命である。そのことがひいては学校全体の教育力向上や質の高い教育実現を判断するものさしとなることも、学校経営の視点（学校評価の指標）からも理解できよう。生徒の学習状況の理解は、「事前的評価（診断的評価）」に位置づけられているものでもある。

では、どのように生徒理解を進めていくことが望ましいのか。生徒の学習成果のデータ等をエビデンス（根拠）として、生徒の学習状況について理解を深めていく必要がある。まずは、中学校からの学習状況に関するデータや情報等（指導要録等）を活用することになる。そして、高校入試のデータ（中学校作成の調査書や入試のデータ等）や高等学校入学当初に実施する、生徒個々の学力把握やクラス編成・授業編成等のデータ獲得を目的とするプレイスメントテスト（Placement Test「新入生テスト」「新入生実力テスト」等とも称する）の実施をとおして、生徒の学力理解に向けたデータ確保を目的に取り組んでいるところも少なくない。

これは「授業をつくる」「指導方法を決める」うえでも、指導上の最も重要なスタートアップの取組であるといえる。また、毎年学校に入学してくる生徒の学習達成の状況は異なるものである。そのため、各学校においては毎年、入学時に生徒の学習状況にかかるデータを獲得し、そこから得られたデータに基づいて指導計画等を策定し、授業づくりに取り組むことが、カリキュラム・マネジメントの計画（Do）段階までのプロセスの中で主たる取組であるといえる。

教員にとっては、カリキュラム・マネジメントをいかして授業づくりや授業改善に取り組むうえで、自らのシンクタンクとなる授業研究を常態化する習慣を身に付けることが、実践的指導力や授業力、教育課題の解決能力などの教職専門に対する職能成長を支えるベースになる。

授業研究は「Lesson Study」として長い歴史をもつものであるが、時代の変化とともに社会で求められている資質・能力の育成への指導等の対応といった部分と、いつの時代も変わらない指導等の対応の部分と、まさに不易と流行の双方から授業について研鑽を重ねていく取組である。

授業研究のプロセス

①指導計画の作成

②教材の研究・開発

③授業実践（指導実践）

④授業記録（授業省察）

⑤授業改善

授業のための準備
（プレ調査研究）＝エビデンス分析
◆前学校からのデータ収集・分析
　・指導要録（指導に関する）
　・調査書、入試データなど
◆プレースメントテスト
◆新入生テスト（全体）
◆新入生実力テスト（全体・教科）
◆外部テスト活用　など
→データから生徒学力の分析

上記は、「授業をつくる」、すなわち授業研究を通じて「授業づくり」を行う、授業のファースト・ステップからのプロセスを整理したものである。「授業づくり」という用語は、その学校に入学した段階での生徒の学習達成状況の理解から始める、いわば授業を最初に設計する段階に適した呼称として使用することがふさわしく、一般的である。すなわち授業研究は、①〜③での計画から実践までの授業づくりの段階を経て、④において授業記録から授業を振り返り、省察して成果と課題（解決の改善方策を含む）を整理して、⑤の「授業改善」という新たなステージに向けて取り組むことになる。すなちわ、授業レベルでのカリキュラム・マネジメントの全体の流れということになる。

それでは、授業レベルでのカリキュラム・マネジメントのプロセスの各段階において、どのような点に留意して授業の担当者としてのマネジメント上のスキルを身に

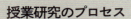

付けておく必要があるのか。次の7つにポイントを整理したので、参考になればと考える。

1. 担当する科目等の単元のまとまりごとの育みたい資質・能力等の目標が明確で、それに応じた授業（教育活動）が計画されていること
2. 科目等の目標を達成するためのカリキュラム（指導計画（全体計画）や授業計画（単元や本時の計画））とそれを実施する条件整備が充実した状態になっていること
3. 授業（教育活動）において、教員による指導と生徒による学習活動が適切に計画され、生徒の状況に応じて実施できる状況になっているとともに、授業中での生徒の学習状況から指導改善に対応できるアクション・リサーチ等の手法による取組を準備できていること
4. 授業（教育活動）を通じて適切な評価方法を工夫して生徒の学習状況を見とり、記録としての評価データを確保できる状況（評価場面と評価機会の設定）になっていること
5. 授業レベルのカリキュラム・マネジメントのサイクルを機能させ、不断の授業改善に取り組む状態になっていること
6. 所属の教科や横断的指導チーム等の組織の一員として連携・協働して授業（教育活動）の実践に寄与し、目標達成に向けて取り組むことができていること
7. 教員として自らの役割と責任を自覚するとともに、授業研究を常態化し、組織の中で自らの専門性や能力を発揮して、カリキュラム開発やカリキュラム・マネジメントに貢献できる状況にあること

今回の学習指導要領の改訂をめぐっては、２０１６年中教審答申の検討段階から改訂の重要なねらいとして、コンテンツ（教授内容）・ベースからコンピテンシー（資質・能力）・ベースへの転換とか、TeachingからLearningへのパラダイム転換などの主張がさまざまな場面で行われ、その

実現に向けた改革内容として整理が行われた。これらの指摘について、実際に学校現場の教職員はどのように受けとめているのだろうか。

確かに時代や社会が急速に変化する現代社会において、これからの未来を見すえて社会で求められている資質・能力を整理し、それらを育成することの必要性について否定するところではないが、これらの言動は極端な転換をイメージさせるという。すなわち、かつて「総合的な学習の時間」が創設された21世紀最初の学習指導要領の改訂では、従前の教科指導を中心とした系統主義によるカリキュラムか、課題探究活動を中心とした経験主義によるカリキュラムかの二項対立的な振り子の揺れを経験し、学校現場でその対応をめぐって苦慮したことを思い起こさせる。その後の時間の経過と実践の結果から、双方のバランスのとれたカリキュラムを開発して教育にあたるというプロセスを経て、今日の学校教育がある。

筆者は、「総合的な学習の時間」の創設・導入の時期に指導主事として教育指導行政を担当した。教職員研修の場では、カリキュラム開発の知識とスキルの育成が目標として掲げられ、その頃を振り返れば猛烈に教職員（主に学校の推進者）がカリキュラムについて研鑽を積んだ時期であった。これは、現在のカリキュラム・マネジメントの確立というめざす方向性と、その対応状況に重なり合うところが少なくない。実際、筆者も大学にあって現在は高等学校の現場から、カリキュラム開発やカリキュラム・マネジメントに関する助言等が求められ、相談対応する機会が増えている。

そうした中で、学校現場の教職員の意見を聴くと、コンテンツ（教授内容）・ベースからコンピテンシー（資質・能力）・ベースへの転換とか、TeachingからLearningへのパラダイム転換などの言動が叫ばれる一方で、むしろ冷静な感覚で対応していることがうかがえる。授業づくりでいえば、教員として指導（教授）する内容は指導をしっかり行う。また指導を通じて習得したことを活用しての学習活動を工夫することで、習得内容の確実な定着と深い学びにつながる発展的・応用的な学力の習得にも努めている。さらに、社会で求められている資質・能力についても着実に育まれている状況を取り入れた授業として設計し、実践していくことをめざした校内研修への取組にも力をいれている状況が、今回改訂を機に広がっていると実感している。教育行政機関においても次年度以降の教職員向けの研修計画として、カリキュラム・コーディネーター育成研修講座とか高等学校カリキュラム開発担当研修講座などの企画がなされている。また、指導教諭のブラッシュアップとしてのカリキュラム・マネジメント研修講座の拡大なども予定されている。

新学習指導要領への移行に向けて、実際に学校で授業を担当する教員の職能成長につながる施策事業や、学校のカリキュラム開発やカリキュラム・マネジメントをサポートする教育行政サイドの施策展開は必要不可欠なものである。各学校で円滑な新学習指導要領への移行を図るには、前述の学校・教職員に向けての施策事業を含めて、学校のカリキュラム開発やカリキュラム実施等に向けたカリキュラム・マネジメントの円滑な機能につながる条件整備を計画的に遂行する教育行政機関の取組がなければ実現できない。

この条件整備は、４Ｍ（Men=人、Materials=物（教材・教具、施設・設備、情報等を含む）、

Money=予算・財源、Management=組織と運営と管理、校務分掌、会議・委員会の運営等）と称されるもので構成されている。学校経営に取り組むスクール・マネジメントと同様に、これら４Ｍの条件整備は学校にとって重要な要素であり、各学校では既存のものは当然生かしながらも、新学習指導要領に基づく教育活動の実施に向けて不足している４Ｍを補い整備するのは公立の場合は教育行政機関の、私立の場合は法人の使命であり役割である。学校がカリキュラムを開発し、それを実施して教育活動を実現するには、エビデンスを示して教育行政機関等に条件整備の計画的な実施を求めていく必要があり、生徒・保護者に対しての教育の提供に向けての責任を果たすことにもなる。

カリキュラム・マネジメントの実施（Do）段階は、上記のことからも計画（Plan）段階からの条件整備の進捗・完了とも大きく関係するところである。したがって、先を予見しながら着実に学校管理職が中心となって教育行政機関と歩みを合わせて準備を完了していくことが重要であると指摘しておきたい。このことは、教員の士気にも連動することである。だからこそ、学校経営の組織文化を醸成する意味でも、管理職やミドルリーダーである主幹教諭・指導教諭等は連携・協働して責任ある対応と行動をとる必要がある。またそれら各学校の条件整備を成就するための役割と責任は、学校以上に教育行政機関等は大きなものとして認識することが必然である。そして、中長期をも見すえながら、先行して取り組んでいくことが求められる。

◆（参考）授業計画における年間指導計画・単元指導計画と学習指導案

「授業計画」は、学校全体での「教育課程編成」に基づき、教科の位置づけを明確にし、授業時数の配当と実際の展開を想定し、生徒や学校、さらには地域の実情を十分に踏まえながら指導の計画として作成することが求められる。ここでは年間指導計画と単元指導計画、そして学習指導案の作成の基本的なことを取り上げることにする。

年間指導計画は、教科・科目の教育を通じて生徒にいかなるプロセスでどのような力を身に付けさせるのかを1年間の計画として作成し、教職員はもとより生徒・保護者、そして地域の関係者にもわかりやすく明確に示すものである。年間指導計画の作成には、学習指導要領に基づき教科・科目全体の「学習目標」と「学習内容」を確認し表記したうえで、内容のまとまり、すなわち単元（題材）ごとのレベルで目標と内容を整理し、その目標を達成するための指導をいかに行うか工夫を凝らすことが重要である。そして、その指導実践を通じて、生徒の達成状況を観点別に評価し、見とっていく評価規準と評価方法の設定を計画し、表記することである。評価規準は学習指導要領の目標と内容を基本に、学校として育みたい生徒像の実現に向け、学校として組織的に教職員間で共有する評価の規準として設定していくものである。この評価規準の設定は学校にとってとても大切なことであり、このことと学校が目標とする育みたい生徒像とに乖離や齟齬があると、学校としての教育への信頼が揺らぐことになる。したがって、この点を十分に留意して、生徒のよさを引き出し、そして可能性を伸ばす評価となるよう、教員はその役割と責任を自覚して真摯に取り組むことが求められる。

単元指導計画は、学習指導要領の中学校では分野ごと、高等学校では科目の内容ごとに示した「内容のまとまり」すなわち単元のレベルで指導計画を作成したものである。「単元」は英語でいう「ユニット」と称する場合もあるが、そもそもこの「単元」とは、生徒が学習しやすいように内容をある程度のまとまりごとに区分して構成したものである。教科・科目によっては、たとえば国語や外国語などでは単元ではなく「題材」として、学習を行ううえで取り扱う題材ごとに内容のまとまりとしてとらえることもある。

学習指導要領の教科・科目の内容を参照すると、「(1)」として示された項目、その次に「ア、イ……」として、さらにその次として「(ア)、(イ)……」として示された項目で整理されている。このように単元の大きさから、「(1)」のレベルは大項目であり、これを「大単元」、そして「ア」のレベルは中項目であり、これを「中単元」、さらに「(ア)」のレベルは小項目であり、これを「小単元」として内容のまとまりを細分した単元で構成される。ちなみに学習指導案とは、この「小単元」としての内容のまとまりの中での1時限を原則として作成される指導計画（実技教科や体験活動で構成される教科・科目等では2〜3時限を1つのまとまりとする場合もある）である。「本時案」として通常作成される学習指導案は、1単位時間（1時限単元）の授業の指導計画と称されるものである（後述）。

単元指導計画の役割は、学習内容のまとまりで身に付けたい力を指導の展開プロセスと配当時間を見据えて、構成する1単位時間（1時限単元）ごとの授業の在り方と授業間のつなぎを見とおし、その単元における学習目標を達成し学習効果をあげる指導と評価の方法を検討し、計画として表記することにある。また今日の授業に求められている学習評価の視点からみると、「指導と評価の一体化」による授業実践には単元というまとまりごとに、学習の過程すなわちプロセスにおいて観点別評価を用いて取り組み、生徒の達成状況を見とっていく指導を行うところとなっている。この点、学校が目標とする育みたい生徒像や年間指導計画の目標と一体化させて、各単元の指導計画を作成していくことに十分に留意していく必要がある。

学習評価は、学習目標に照らして、指導を通じて、学習者である生徒がどれくらい達成できたかを、評価規準に基づいて、評価方法を工夫して一人ひとり見とることである。また一方で、教員にとっては、授業評価であり、学習者の評価結果により、授業の進め方、指導の在り方を振り返り、省察し、授業の事後の調整と授業改善を行うための重要な役割を担っている。すなわち、学習評価と授業評価の取組は、学びと教えの確かめとしての教育評価という広義の評価にとって重要な構成要素であり、これらはＯＥＣＤ（経済協力開発機構）のＰＩＳＡ（生徒学習到達度調査）などの実態把握のテストをはじめ、全国学力・学習状況調査など教育活動全般を評価する教育調査や各学校による学校評価なども包摂される。

学習評価の計画にあたっては、単元を通じて、設定した観点別の評価規準に基づき、いつ、どこの場面で、どのような方法で評価するのかを構想し、単元指導計画の中に明確に表記する。そうした計画設計を経て、授業での指導展開のイメージをより具体化して指導実践につなげていくことである。

評価方法については、以下、5つの視点が必要となる。①生徒の行動や発言の状況の見とり、②ノート・ワークシート・レポート等の記述、③作品、④生徒による自己評価・ポートフォリオ評価、⑤テスト（考査）の結果などに大別できる。それらの方法から得られたデータにより、どのような評価活動を行うこととなるのか。たとえば、①の見とりは主に「観察・点検」という評価活動であり、②や③そして⑤は「確認」という評価活動、また②・③・④・⑤は「分析」という評価活動にもつながるものである。すなわち、評価活動は、評価方法を活用して「観察・点検」「確認」「分析」を行うものである。評価計画においては、評価規準に即して、これらの評価方法を設定して評価活動を想定し、授業での学習活動に応じた評価方法を選択して準備し、意図的に取り組む必要がある。

学習指導案は、前述のとおり、内容のまとまりである単元（題材）として設定された数時間の授業時数のうちの1単位時間（1時限単元）の授業の指導計画を表記したものである。単元指導計画に基づいて作成されるが、大別すると2つの作成パターンがあり、一般的に単元指導計画を含めてそのうちの本時案として学習指導案を示す形式としての「細案」（精案・密案とも称し、一般的な学習指導案のタイプ）と、本時案のみを示す「略案」（簡易な本時のみの学習指導案のこと）とがある。学習指導案は、1単位時間（1時限単元）の授業が見とおせるようにわかりやすく書くことを工夫する必要がある。授業を通じて本時の学習目標に照らして、なぜ本時の学習内容をこの方法と学習活動で実施するのか、その妥当性や学習効果を想定し、よく指導内容を吟味することが重要である。「教えること」すなわち教授する場面では、しっかりと学習内容を理解できるよう指導方法を工夫して設計することにある。生徒の理解に向けて教員の説明の仕方、板書の工夫、発問のいかし方など、生徒によりよく伝える指導スキルを研究し、実践的な指導方法をしっかり身に付けることが教員に求められる。

また、生徒の学習活動においては、学習内容の習得を進め、確実に定着させるとともに、習得したことを活用して学びを深める効果が期待できるよう活動内容を設定し「学ぶ（学び合う）こと」すなわち活動する場面を明確に設定することである。学習活動の円滑な実施に向けては、指導上の留意点を多面的・多角的に考察し、生徒の活動をシミュレーションし、さまざまな場面を想定することで、授業実践に備えた、指導計画の立案と授業イメージとなるよう心掛けたい。

第5章

カリキュラム・マネジメント〈第3ステージ〉

カリキュラムの評価と検証改善

■Research
エビデンスとなるデータ等の収集と分析

■Vision
カリキュラム・ポリシー策定

■Plan
フレームワークと計画策定

■Do
授業等教育活動の実践

■Check
授業・カリキュラム評価

■Action
カリキュラム課題の改善

◆第3ステージの展開

カリキュラムの実施（Do）段階の取組とその成果についての記録に基づいて、次には評価（Check）段階そして改善（Action）段階を迎えることになる。実施後の評価場面では、実施記録のみならず改めて授業評価から学校全体のカリキュラム評価までについて、計画段階で想定し、準備をしていたカリキュラムの評価を行うこととなる。その際は、実施を終えて改めて必要になる評価に対する取組をも加えて、充実したものにすることが求められる。この段階でも、計画段階で教育内容ごとに計画策定を分担してきた組織がそれぞれコーディネートして、円滑な評価として取り組まれることが大事である。そして、カリキュラム開発を統括する組織が横断的な会議をもって共通理解し、歩調を合わせて計画的に取り組めるよう工夫することが望まれる。

◆カリキュラムの評価（Check）

この評価（Check）段階について、総則例示には次のような記載が見られる。

(6) 教育課程を評価し改善する。

総則例示では前掲の項目(6)の表記に続いて、教育課程の評価と改善すなわちカリキュラム開発の評価段階と改善段階について次のように記載している。

> 実施中の教育課程を検討し評価して、その改善点を明確にして改善を図る。
> ア　評価の資料を収集し、検討する。
> イ　整理した問題点を検討し、原因と背景を明らかにする。
> ウ　改善案をつくり、実施する。

これら総則例示の記載のとおり、カリキュラム・マネジメントにおいて評価と改善の段階は作業上も連続性があり、一体的に取り組むことが望ましいといえる。そこで本章においても第3ステージとして2つの段階の連続性を意識したものとなっている。

カリキュラムの評価（Check）段階は、教育内容ごとに各担当の組織で策定した計画（Plan）段階を踏まえ、学校全体で取り組む教育活動から教科・科目等の領域まで策定した計画に基づく実施状況に関して評価するところとなる。概ねそれら対象となる評価を分類すると、次の3つの評価となる。

①　授業評価
（教科・科目レベルの評価で教科内での組織的な評価を総括）

②　教育活動評価

（学校・学年レベルの評価で学年内等での組織的な評価を総括）

③　学校教育評価

（学校カリキュラムの総体的な評価を学校全体で総括）

評価の手順や作業内容については、これまで各学校で学校経営に資する学校評価の取組等として定式化され、実施されていることであるからここでは省略する。むしろ評価結果をいかした学校全体での取組の中で、改善（Action）段階につながる作業プロセスについて少し触れておきたい。

各領域などで計画された教育の目標や学習達成の目標が達成できているか、あるいはできていないかを根拠データに基づいて分析し、成果と課題を明確にすることが、この評価（Check）段階では求められている。その際、授業や教育活動の実施において指導や学習活動の方法、使用の教材、指導体制、授業時数などが、目標の達成状況に照らして適正であったか、成果と課題（解決の改善方策を含む）はどうであったか、そのことを資料に基づき多面的・多角的に考察することになる。とりわけ成果と課題（解決の改善方策を含む）は、カリキュラムの改善（Action）段階に引き継がれるものとなる。カリキュラム・マネジメントでは、計画段階で配置した組織が、実施→評価→改善の各段階の場面で同じ組織で取組を進めることを基本としている。そのため、データ収集にしても、円滑で効率的な作業として実施が可能になっている。

けれども、評価（Check）段階で整理された成果と課題（解決の改善方策を含む）の内容から、改善（Action）の段階において新たな課題に対して新規組織の立ち上げや指導体制の増強など組織改編を含めたテコ入れが必然化する可能性が高いことから、各学校では既存の組織体制に固執することなく、学校全体で柔軟に対応していく姿勢と改善に向けた意欲や実効性を喚起して取り組むことが肝要である。この点、各学校でアクティブなカリキュラム・マネジメントの確立がなされることを期待する。

カリキュラム評価の重要性をもう1つ。家庭や地域社会等の学校の外部環境の視点から押さえておくことも重要である。学校教育の内容や活動が多岐にわたり複雑化する中で、学校だけでは達成できない部分については、地域の教育力や学習資源に支援を求めての連携・協力が常態化している状況を真摯に学校・教職員はとらえる必要がある。そのため、カリキュラムの成果と課題も外部に対しても情報共有するとともに、評価等に参画・協働する場や機会をも設けることも1つの工夫であるといえる。

学校は教育機関として目的・目標を達成できているのかという、成果に対する説明責任を負うアカウンタビリティの視点にも対応することである。これについては学校評価の定着に伴い、ほとんどの学校で実現していることと思われる。しかし、開発した学校のカリキュラムやカリキュラム・マネジメントについては学校経営に対する評価結果の説明という点で、学校間でかなりの温度差が現れていることもさまざまなところで指摘されている。今回改訂の理念である「社会に開かれた教育課程」の視点からも、カリキュラムに関する評価のアカウンタビリティの在り方をもう一度確認し、必要に応じて対応の改善を図っておくことも薦めたい。

◆カリキュラムの改善（Action）

カリキュラム・マネジメントのサイクルの最後に位置する改善（Action）段階は、総則例示にも示され、前述のとおり、評価（Check）段階と一体化して説明されている。改善（Action）段階は、評価段階での成果と課題（解決の改善方策を含む）として取りまとめられた内容に基づいて、カリキュラムの改善案を立案し、学校全体でカリキュラム改善に取り組む段階である。

この段階には、改善後のカリキュラム・マネジメントへとつなぐ点で、留意して取り組む点がもう1つある。それは年間や学期間などを単位とした一定の区切りを迎えるにあたり、カリキュラム改善したものを実行に移すため、前述の第1ステージのR→V→Pの段階に再び還るための橋渡し的な役割をも担っていることである。評価（Check）と改善（Action）の段階からの連続性と系統性のあるカリキュラム・マネジメント機能のサイクル効果は、まさに第1ステージにつながることで発揮するものといえる。サイクルの2順目以降は、評価（Check）と改善（Action）の第3ステージが、いかに第1ステージの機能に円滑にバトンを渡しカリキュラム改善が果たせるかである。とりわけ、改善（Action）の段階がカリキュラム・マネジメントにおける連続性と系統性のキーステーションになっているかを理解できよう。

これまで筆者が参観した研究開発学校や各地の研究指定校の取組からも、カリキュラム開発における改善（Action）の段階の取組の在り方が、研究の発展や成果の練り上げといった伸びしろの有無に大きく作用していることを理解できた。各高等学校では、長年の経験から、学校に合った独自のスクール・マネジメントに包括されたカリキュラム・マネジメントを定着させているところが少なくないだろう。そのことは学校評価システムの定着とも密接に関係しているところとなっている。今回の新学習指導要領への移行に伴って、改めて自校のカリキュラム・マネジメントを検証していく、重要なタイミングであると考えている。

また「社会に開かれた教育課程」を探究していくうえでも、これからの高等学校に求められている教育に関しては、これまで以上に学校を取り巻く地域の教育力や学習資源の活用を必要としている。すでにコミュニティ・スクールとして学校運営協議会を設置し、カリキュラム開発の当初から地域の参画・協働によって取り組まれているところも小・中学校では多く、高等学校にとって参考になる事例となっている。現在、高等学校においても急速にコミュニティ・スクール導入に向けた動きが見られ、今後のカリキュラム開発やカリキュラム・マネジメントにも影響が現れてくるものと確信している。

カリキュラム・マネジメントにおける改善（Action）の段階は、カリキュラム改善を通じて学校の進化（深化）につながる。そしてそのことは、学習者である生徒に利益を与えるものとして重要性が次第に高まってくるものと考える。各学校がカリキュラム・マネジメントにより、学校の教育目標や開発したカリキュラムの目標に照らして、授業・教育活動が目標を達成できたのかを、エビデンスに基づいて生徒の変容を見る。そして、分析を通じて、その成果と課題（解決の改善方策を含む）としてまとめる評価（Check）段階の取組にも注目が集まると考えている。

先行研究によれば、カリキュラム・マネジメントの段階間において、①学習と条件整備をつなぐ、②内容をつなぐ、③人・物・情報をつなぐという3つのことは、機能的に運用し効果をあげているかを点検・評価する指標となっている。言い換えれば、これらのつながりが上手く機能していなければ、3つのうちのどこに課題があるのかを見出すこともできる（田村知子編著、2011年）。そうなるとカリキュラム・マネジメントのあるべき姿を各学校・教職員が明確に理解をしていることを前提にしてからでないと、適正に第3ステージのカリキュラム・マネジメントの機能をいかしきれないと判断ができよう。カリキュラム・マネジメントのあるべき姿は、総則編に示された記述であり、また総則例示にも該当するものといえる。

そうなると、改めてカリキュラム・マネジメントに即して取り組んできて、開発して実施したカリキュラムの成果と課題（解決の改善方策を含む）の取りまとめ内容を、次に挙げるカリキュラム・マネジメントの機能の5つのチェック項目をものさしにして、いわゆるカリキュラム改善とマネジメント機能の改善と、両方の改善の方向を整理していくことがこのステージの最重要の取組といえる。

①学校・教職員全体でカリキュラム・マネジメントについての理解がなされ、関係する情報が共有されている

か。

②学校として設定した目標を達成するための内容でカリキュラムが開発されていることを教職員全体が理解しているか。

③学校としての教育目標やカリキュラム開発の目標が、エビデンスにより生徒の適正な理解に基づいて形成され、それについて全教職員が共通理解のもとで授業や教育活動など実施にあたっているか。

④開発したカリキュラムが計画に即して実施できる指導体制（人的・物的な指導環境）や学習環境等の条件整備が整えられているか。

⑤カリキュラム・マネジメントが機能する学校内の組織経営が確立し、教職員一人ひとりが役割を自覚し集団（チーム）で組織的・協働的・意欲的に取り組んでいるか。

カリキュラム・マネジメントのあるべき姿については、これまでも先学によりさまざまな論及がなされてきた（後掲の参考文献）。いずれも、学校のカリキュラムが計画に即して実施し成果をあげ、指導効果も認められることについて、カリキュラム・マネジメントが定着していることなどを判断するための指標や視点等が設定されていることを考察し、事例として紹介しているものである。しかしながら、それらの中には、カリキュラム開発のチェック項目が混在しているものも多々見受けられる。カリキュラム開発のチェック項目に関して、一般的なものを紹介すれば、次のようである。

［1］学校として生徒に育みたい資質・能力を明確にした教育目標に基づき、カリキュラムの目標を設定し開発がなされているか。

〔2〕カリキュラム開発にあたり先行研究・実践事例を踏まえ、学校・生徒等の実情を、エビデンスをもって理解し、目標を設定してその達成に向けた計画がなされているか。
〔3〕開発したカリキュラムを実施するにあたり指導体制や教育実践に向けて条件整備に取り組まれているか。
〔4〕カリキュラムの実施が計画に基づき適正に行われ、また評価の計画・方法に基づいて達成状況を見とり、エビデンスを確保して改善にいかされているか。
〔5〕カリキュラム・マネジメントを機能させ、不断のカリキュラム改善が行われているか。

カリキュラム開発とカリキュラム・マネジメントが一体的なものであることは、本書全体を通じて表現してきたところである。カリキュラム開発は計画され実施と評価を通じて改善されて練り上げられ、学校のカリキュラムとして成立するものである。その場合のカリキュラム開発は、広義の意味合いとしてとらえられる。その一方で、カリキュラム・マネジメントの起点としてのカリキュラム開発という場合には、計画段階での狭義の意味合いとなる。筆者はカリキュラム開発を狭義でとらえた場合、これまでの教育課程と同様な位置づけとなるため、もっぱら広義の意味合いとして用いてきた。カリキュラムは、計画したものを実施と評価をとおして改善されるという一連の動きのあるものとして理解すれば、これまでの学校で使用してきた教育課程はやはり編成という計画段階の意味性を強くもつものである。カリキュラム・マネジメントを通じて、学校のカリキュラムのとらえ方がより動きのあるものへと変化したものと考える。

各高等学校においては、すでに2016年中教審答申の前後から、校内研修を通じて教職員がカリキュラム・マネジメントについて適正に理解しようという試みが始まっている。カリキュラム・マネジメントに関する教職員対象の研修は、全国各地の教育委員会所管の教育センターが企画・実施する研修会などを通じて、理論や実践をさまざまなサイクル場面に分けて講義や演習を伴って取り組まれている状況にもある。

新学習指導要領の移行前からすでに、カリキュラム・マネジメントの確立に向けた動きを始めた高等学校も少なくない。そうした学校では、カリキュラム・マネジメントの定着を検証するため、機能性を測る前掲の5つのような指標を独自に設定して取り組んでいる。もし、それらを通じて機能の不備が認められれば、にわかに改善する必要が生じる。なぜならば、その不備は学校のカリキュラムにも影響するところであり、開発したカリキュラムとそれを動かすカリキュラム・マネジメントの機能が一体的であり、また両輪の作用を果たしているからである。どちらに課題が生じても、学校の中だけでは解決できない場合は、専門的な知識とスキルを有する者に相談するなどして解決に向けて動く必要がある。

その際の対応は学校によってさまざまであり、大学教授等の学識者に相談するケースも多く見られるが、身近なところではやはり指導主事に相談することを薦めたい。カリキュラム・マネジメントに関する知識とスキルは、教育指導行政を所管する指導主事が専門職として高いものを有している。そればかりでなく、所管する学校に対する理解が誰よりも職務上深いからである。また学校によっては、指導教諭や研究主任の中に、かなり実践的で豊富な知識とスキルを身に付けている教員も存在する。各学校では、そうした知識とスキルを有する指導主事や教員の応援を得て、カリキュラム・マネジメントを確立したい。そして、機能性を発揮できるよう、新学習指導要領への移行期間中に着実な定着に向け積極的に取り組まれることを期待するものである。

カリキュラム改善に向けての授業レベルのチェック表

①生徒に身に付けさせたい力と目標設定

□ 目標の設定は、生徒の学力・学習状況に合っているか
□ 目標の実現はできたか

②評価規準の設定と評価方法

□ 評価規準は適切であったか
□ 評価規準の設定に偏りが見られたか。
□ 各授業場面での評価方法は適切であったか
□ 評価方法は妥当性・客観性・信頼性があったか
□ 観点別学習状況の評価(C)の生徒への支援の手立ては適切だったか

③指導(教授)

□ 計画した指導を行えたか
□ 発問・指示は計画的かつ的確にできたか
□ 教材・教具は指導にとって適切なものであったか
□ 授業中に計画を変更するなど指導改善を行ったか
□ 生徒の理解度は高かったか

④学習活動

□ 計画した学習活動ができたか
□ 学習活動の時間配分は適切であったか
□ 主体的な学びを促す活動であったか
□ 習得した知識や技能をいかす学びが見られたか
□ 学習の深まりや発展性を見とれる生徒がいたか

⑤授業記録・授業評価

□ 授業後に記録を残したか
□ 授業評価を行ったか
□ 生徒による授業評価も行ったか
□ 授業記録・授業評価に基づき授業省察に取り組んだか
□ 授業省察や授業後の教材等の吟味を通じて授業改善を行ったか
□ 授業評価を通じて指導力向上のために自己研鑽が必要と感じたか

【参考文献】
・安彦忠彦（2003）『カリキュラム開発で進める学校改革』（21世紀型授業づくり81）明治図書。
・安彦忠彦（2006）『教育課程編成論（改訂版）』放送大学教育振興会。
・天笠茂 編（2001）『柔軟なカリキュラムの経営』ぎょうせい。
・天笠茂（2013）『カリキュラムを基盤とする学校経営』ぎょうせい。
・天野正輝 編（1999）『総合的学習のカリキュラム創造』ミネルヴァ書房。
・天野正輝（2000）『総合的学習のカリキュラム開発と評価』晃洋書房。
・伊藤奈賀子・富原一哉 編（2016）『アカデミック・スキル入門』有斐閣。
・加藤幸次 編（2013）『教育課程編成論（第二版）』玉川大学出版部。
・河合雅司（2017）『未来の年表』講談社現代新書。
・河合雅司（2018）『未来の年表2』講談社現代新書。
・北尾倫彦 編（2006）『教育評価事典』図書文化社。
・鈴木俊裕 編（2021）『高校生のための「研究」ノート』学事出版。
・田中博之（2017）『改訂版カリキュラム編成論』放送大学教育振興会。
・田村知子 編（2011）『実践・カリキュラムマネジメント』ぎょうせい。
・田村知子（2014）『カリキュラムマネジメント』日本標準。
・田村知子・村川雅弘 他（2016）『カリキュラムマネジメント・ハンドブック』ぎょうせい。
・田村学（2015）『授業を磨く』東洋館出版社。
・田村学 編（2017）『カリキュラム・マネジメント入門』東洋館出版社。
・田村学（2018）『深い学び』東洋館出版社。
・中留武昭（1999）『学校経営の改革戦略』玉川大学出版部。
・中留武昭 編（2005）『カリキュラムマネジメントの定着過程』教育開発研究所。
・中留武昭・曽我悦子（2015）『カリキュラム・マネジメントの新たな挑戦──総合的な学習における連関性と協働性に焦点をあてて──』教育開発研究所。
・樋田大二郎・樋田有一郎（2018）『人口減少社会と高校魅力化プロジェクト──地域人材育成の教育社会学──』明石書店。
・古川治 編（2015）『教職をめざす人のための教育課程論』北大路書房。
・松尾知明（2016）『未来を拓く資質・能力と新しい教育課程　求められる学びのカリキュラム・マネジメント』学事出版。
・山口満 編（2001）『現代カリキュラム研究』学文社。
・山﨑保寿・黒羽正見（2008）『教育課程の理論と実践（第1次改訂版）』学陽書房。
・山﨑保寿（2009）「カリキュラム開発」（樋口直宏他編『実践に活かす教育課程論・教育方法論』）学事出版。
・山﨑保寿（2018）『「社会に開かれた教育課程」のカリキュラム・マネジメント』学事出版。
・梶輝行（2017）「高等学校カリキュラム・マネジメントのフレームワーク設定に関する実践的研究──セメスター制（半期単位認定制）を活かした創意工夫のある学校づくりを目指して──」（「横浜薬科大学教職課程センター研究紀要」第1号）横浜薬科大学。
・梶輝行（2018）「高等学校カリキュラムの現状分析と改善課題に関する理論的研究」（「横浜薬科大学教職課程センター研究紀要」第2号）横浜薬科大学。
・梶輝行（2018）「学校のカリキュラム開発と経営をサポートする新たな教育指導行政　カリキュラムセンター・ハンドブック」糸岡書肆。
・梶輝行（2017）「カリキュラム・マネジメントの胎動と新たな教育課程編成」（「月刊高校教育」2017年1月号）学事出版。
・梶輝行（2017）「少子・人口減少をめぐる教育行政の転換と公立高校の未来像」（「月刊高校教育」2017年11月号）学事出版。
・梶輝行（2017）「現代における高校教育改革に関する現状分析と少子化時代への対応──教育行政施策の在り方と高校カリキュラム改善を中心に──」（「現代科学教育の理念と実践に関する研究──日本大学文理学部人文科学研究所共同研究（第一次報告書）──」）日本大学教育学科。
・梶輝行（2016）「学校カリキュラムを支援する教育行政の実践的施策」（日本学習社会学会第14回大会発表）。
・梶輝行（2017）「「社会に開かれた教育課程」をめざすカリキュラム・マネジメントと学校事務」（日本教育事務学会　第5回大会シンポジウム発表）。
・文部省（1975）「カリキュラム開発の課題」文部省大臣官房調査統計課。
・21世紀カリキュラム委員会 編（1999）『地球市民を育てる──学校がつくる　子どもがつくるわたしのカリキュラム──』21世紀カリキュラム委員会。
・日本カリキュラム学会 編（2001）『現代カリキュラム事典』ぎょうせい。
・神奈川県立教育センター（2002）『カリキュラムセンターともに歩む新時代の教育』神奈川県立教育センター。
・「月刊高校教育」編集部 編（2018）『高等学校新学習指導要領　全文と解説』学事出版。

エピローグ

今回改訂の学習指導要領において、カリキュラム・マネジメントの用語は公的に文書表記されて登場した。本書では高等学校に特化して述べてきたが、第3～5章は高等学校に限らず汎用性のある内容になったと感じている。そこで、本書の最後にあたって、新学習指導要領に基づく高等学校カリキュラムの開発の方向性と、少子・人口減少が進む中での高等学校の在り方の2点について考察したことをまとめてみる。

学習指導要領解説総則編によると、新学習指導要領に基づく教育課程の編成における共通的事項については、「今回の改訂では、「共通性の確保」と「多様性への対応」を軸に、高等学校において育成を目指す資質・能力を踏まえて教科・科目等の構成の見直しを図っている。」とある。すなわち現行と同様に、今回も「共通性の確保」と「多様性への対応」から教科・科目等の構成を見直すことを踏まえれば、各高等学校においてもこの点を考慮したカリキュラム開発や教育課程編成に取り組むことが基調になっているといえる。

これまでに、「共通性の確保」に関しては、原則として高校教育が担うべき共通性であり、学校や生徒の学力達成の状況の考慮の範囲に、中学校までに培われるべき資質・能力の高校における学

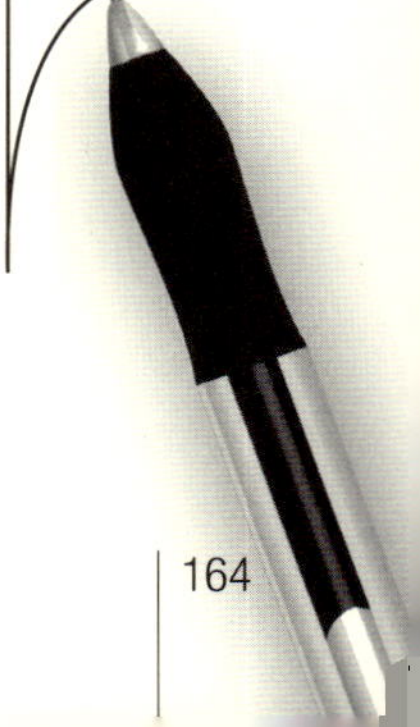

び直しに力点を置いた各教科の基礎科目の設定に如実に現れているといえる。義務教育段階までに育むべき資質・能力の具体的な指導の在り方や、中学校までに達成すべき段階の目標をより明確にし、各校種での教育の役割と責任を全うする。そのうえで、高等学校において、たとえば「学び直し」にどこまで取り組むのかを明らかにしてかからないと、本来の高校教育を行えないという状況にも陥いる。

全国学力・学習状況調査を実施して10年が経過した中で、小・中学校の各段階の学力達成レベルは、先を見据えた目標設定に基づき、計画的に向上していくことを意図的に行っていかなければならないことは言うまでもない。国際社会の中でのわが国の教育レベルの向上とトップレベルを志向するための今回の教育水準の設定の在り方は、まさに国民の期待を集めるものとなっている。それを実現するための国の教育改革は、現在進行しているところの学習指導要領の改訂があり、高大接続改革があり、そして大学教育改革があるという具体につながっている。高等学校では、これまで積み残されてきた「共通性の確保」と「多様性への対応」の課題に対して、理論と実践の理解を一層深め、高校生一人ひとりを育む高等学校カリキュラムの将来像と、それを具現化する教育課程編成上の改善内容がどこまで示せるかが問われることになる。

新学習指導要領に基づく高等学校でのカリキュラム開発は、現状のものから見直し、改善を図っていくことである。筆者が改善方策の視点として考察した内容は次のとおりである。

(1) 高校教育における授業時間の適正な確保に向けたカリキュラム・マネジメントによる学習保障
①1単位35週を標準とする年間の授業時間の確保（学校行事等の精選）
②1単位授業時間と時間割の工夫
③教務機能の改善（授業日数及び時間の管理と適正な運用）など

(2) 高等学校ごとに学校・生徒等の実態に即した「共通性の確保」と「多様性への対応」に伴う教育課程上での履修コースや科目配置等の明確な提示

(3) 高等学校の学校・生徒等の実態に応じた高校教育の提供に向けて、各教科の必履修科目の複線化の導入
（必履修科目の構成）
①標準科目
（中学校までの学力定着の確認と高校教育としての学力育成）
②発展科目
（高校教育としての学力育成と向上）
（学校選択）①あるいは②を学校で選択
例示A（地理歴史科）
①標準科目　地理総合、歴史総合（2科目必修）
②発展科目　世界史探究、日本史探究、地理探究（3科目のうちから1科目必修）
例示B（理科）
①標準科目　物理基礎、化学基礎、生物基礎、地学基礎（4科目から3科目必修）
②発展科目　物理、化学、生物、地学（4科目から2科目必修）

(4) 高校での「学び方学習」の導入
①課題解決型の学習

(5)
②調査方法・分析結果のまとめ方
③プレゼンテーションの実践スキル
特別活動の教育課程上での位置づけの改善と達成目標の明確な提示（特別活動は生徒の成果がその目標からみて満足できると認められるという、具体的には特別活動への参加、一定数以上の出席日数により認定という従前の曖昧な基準を改善するとともに、特別活動の領域の重要性の視点に立った改善が求められる。）

(1)は、高校教育は現状から見ると、完全学校週5日制の導入以来、公立の場合は原則月曜から金曜までの課業期間において編成した教育課程を、年間指導計画や学期別授業計画、そして週時間割等に基づいて運用してきた。しかし、昨今ではキャリア教育や防災・減災教育などの教育活動の増加や国民の祝日との関係での授業日数の確保を考慮し、学校行事の精選を図るなど、学校としてトータルなカリキュラムをデザインできる環境を整える状況に迫られている。

(2)と(3)は、高校生に知・徳・体のバランスのとれた高校教育と、一人ひとりの個性の伸長が図れる高校教育との2つのことを提供できる教育課程編成にかかる改善方策を示したものである。高等学校カリキュラムは、学校・生徒等の実情により、共通性と多様性の均衡を図り、学年制と単位制の特性を考慮したカリキュラム・マネジメントの実践につながる一定の弾力性の確保を重視した、学校全体でトータルな学びの具現化を期待されている。

(4)は、学習者の能動的な学びを実現するうえでも、「総合的な探究の時間」や特別活動の領域をいかして「学び方」を学習する機会と時間の確保に取り組むことを示した。各教科での学習活動が円滑かつ実りあるものとして生徒が取り組むには、①〜③のような学びに必要な知識とスキルを計画的に身に付けることが重要である。

最後に(5)は、特別活動の領域の充実を図るものである。年間で標準1単位35週による35時間という物理的な活動時間の中で、特別活動の目標に照らし、ホームルーム活動や進路指導（キャリア教育も含む）などといった内容に取り組む活動計画を学校全体で立案し、そこでの生徒の活動記録を残すよう一層の改善を提案するものである。このことは(1)とも大きく関連する。年間の授業日数や授業時間数を確保するカリキュラム・マネジメント上の課題解決に向け、現状で膨れ上がった学校行事やさまざまな教育活動を精選する上でも、特別活動の改善が重要といえるからである。

全国の高等学校では、新学習指導要領に基づき、どのような創意工夫のあるカリキュラム開発を行うのか、「社会に開かれた教育課程」と「社会で求められる資質・能力の育成」をどのように具現化していくのか。２０２２年度から実施される、高等学校カリキュラムに注目していきたい。

次に、少子・人口減少が進む中での高等学校の在り方について考察したことを述べたい。筆者はこのことについて注目し、全国の動向を経年でリサーチをかけている。実際のところ、首都圏と地方都市部とでは温度差はあるものの、一部で社会増による急速な学校建設への対応に追われている地域もあるが、ごく限られている。社会増の場合は不安定な要因を抱えていることから、期限付きの学校設置として対応するところも見られる。その他は全国的に見てもいずれも少子・人口減少に歯止めがかからず、学校の維持存続をめぐって地域社会との調整が急務となっている地方教育委員会や私立学校も少なくない。

公立の高等学校の場合は、「公立高等学校の適正配置及び教職員定数の標準等に関する法律」に基づき、生徒定員数により教職員の定数配置が規定されている。各学校では学校の設置規模に基づき、入学者選抜での生徒募集定員数とその充足が学校運営を大きく左右している。近年、中学校卒業者数が急減することが見込まれる自治体・教育委員会では、毎年の高校入学定員の調整といった行政対応では収まらず、学校の存廃をも視野に入れながら、学校の維持・管理をめぐる窮迫した現状に苛まれている。その状況を打開するため、教育行政機関として再編整備計画に基づく大規模な改革を推進する都道府県教育委員会は9割を超えている。その背景には、毎年の入学生徒数の減少と生徒在籍数の変化がある。公立の場合は特に、教育活動と学校運営にさまざまな影響が顕著に現れている。教職員定数は生徒定員数に応じて法規定されているため、生徒数と教職員配置数の減少によって、実際には次のような状況が生じている。

① 生徒数減少で、きめ細かな指導や適正な規模での体験活動の実施が可能になった。その一方で、全体的に教育活動や生徒間交流等での生徒の活気が低調となり、学校行事等での取組規模が縮減傾向にあること

② 教職員数の減少で、高校生の興味・関心や進路等の多様性を踏まえ、必要な知識・技能と教養を確保するという「共通性」と、学校の裁量や生徒の選択の幅の拡大という「多様性」に配

慮した教育活動の展開が困難となっている。そのためカリキュラム全体が縮減傾向にあること

③　生徒数に応じて教職員数も減少し、従前の部活動が部員数や顧問の配置等が課題となって休部・廃部など縮減傾向にあり、また活動状況も低調で公式戦等に出場できない状況にあること

④　教職員数の減少により、学校運営にかかわる教職員一人当たりの校務分掌や諸委員会の兼務が増加し、教職員の業務量が増加し、また業務上で支障が現れていること

⑤　生徒数と教職員数の双方の減少により、学校の施設・設備の利用頻度が低下している。結果、空き教室や空き校舎が増え、常に安全・安心に活用できるよう、使用していない施設・設備のメンテナンスも必要となり、その管理営繕の負担も増加していること

学校が小規模化し、生徒数・教職員数の減少が続いている公立高校ではここ数年で、①~③の教育活動や④・⑤の学校運営・学校管理に関するものとして、さまざまな変容が認められる。適正な学校運営と教育活動の維持に向けた、教育行政機関による点検は重要である。また、こうした学校の変容は、いわゆる教職員の業務負担増や教員の多忙化の問題ともリンクしているといえる。そうした学校と教育行政機関との問題だけでは済まない事態にまで陥っている。地域に根付いてきた学校が休校や廃校になると、その地域ではどのような影響が現れているのか。地域に学校があれば生徒・教職員が各地から集うための交通機関や商業店舗等も、1日の人口流入の数値によって十分に採算のとれる状況にある。ところが、廃校・閉校になった学校がある地域では、バス利用客の減少から路線本数の縮減や路線廃止の事態や、店舗の減少・撤退なども急速に進み、まさにライフライ

ンに影響を及ぼし、深刻な事態となっている。

地域にとって学校の存在はその地域の生活や暮らし、教育・文化等と密接にかかわり、地方創生の観点からも重視されるところである。しかし、少子・人口減少の問題が解消される見通しがない中で、出生数から統計学的なデータを見ても、今後の中学校卒業生数の状況に対応できる適正な学校数の確保を施策とする教育行政機関は、計画的な学校の統廃合を進めざるを得ない状況にあることも確かである。地域住民と折り合いがつかないところもあれば、地域が協力して生徒数の確保に乗り出して、学校の存続に真摯に向き合っているところもうかがえる。

２０１７年に河合雅司氏による『未来の年表』（講談社現代新書）が刊行された。人口減少問題から未来社会を予測して、雇用や医療や教育などさまざまなあり様をシミュレーションしたことで社会に衝撃を与え、今日に至る人口減少から未来社会に対する警鐘本の草分けとなっている。筆者は昨年、ある地方の高等学校及び教育行政機関に勤務する教職員の研究グループからの依頼を受けて、「今後の公立高等学校の未来予想図を描く」というテーマの研究協議会に参加する機会を得た。いくつかの小テーマごとに激論が交わされ、それはまさに現実的な問題をとらえた高等学校を展望する意見であった。その時のメモからいくつか気に留めた意見を紹介してみたい。

「実際に今、全国各地の人口減少が急速に進んでいるところでは中学生たちが自宅から通える高校がどんどん募集停止になっている。切実な状況で、15歳で高校の生徒寮で暮らす者、あるいは生徒寮の設備がなく自前でアパートを探して一人暮らしをはじめる者など、なぜか40、50年以前の高校が数少なかった頃の時代に逆戻りしている現実を見たり聞いたりするたびに、高校教師として自分に何ができるのかを真剣に考えるようになった。」（30代前半の高校教師）

「私の住む地域では、近所の子どものいる世帯主がこの地域に高校がなくなったから長年、先祖代々住み慣れたこの土地と家屋を処分して都市部に一家転住する実態を目撃した。よくよく考えての決断をしたとのことである。この地域を去る者が後を絶たない今、そうした現状も仕方がないことと認めざるを得ない。子どもの教育のためには地域から子どもがいなくなっている環境では子どもを育てることも不可能になったことがよく理解できる。この話からも学校の統廃合が地域をさらに消滅させる原因となっていて、地域に教育を残し存続させることをどうしたらできるかと考え、自ら三重県の県立高校でのコミュティ・スクールの導入について視察に行った。地域が学校の教育を支え、また学校も地域の人材育成にと一体的な取組がうかがえ、もっと早くに見に来ていればと後悔した。」（40代後半の指導主事）

「今回の学習指導要領の改訂の理念となっている「社会に開かれた教育課程」の実現は、少子・人口減少が急速に進む中にあって地域社会の変貌と地域の教育力の衰退が年々深まる中で、これから実施を迎えようとする新学習指導要領にとっては現実と乖離した理念になっていると思わざるを得ない。地域から学校がなくなっていく一方で、学校のまわりの地域ももはや地域コミュニティとして成立しなくなっている現実がそこにある。学校経営を担う者として、地域から孤立していく学校の現状についてどのように改革の審議がなされてきたのか疑問だらけで仕方がない。

近隣の小学校では単級や複式学級が定着し、主体的・対話的で深い学びの学習活動を実践したくても、なかなか達成したい目標に近づけないという声も聞いている。少子・人口減少社会に対応した学習指導要領を待望するところである。未来を担っていくかけがえのない子どもたちを、これまで以上に大事に、恵まれた教育環境の中で育てていくことこそ、人づくり・人材育成であり、教育である。これからますます人は宝＝財の「人財育成」を担うのが学校である。私はそうした思いで学校づくりに今後も取り組んでいきたいと考える。」（50代前半の学校管理職）

この他にも、今回の学習指導要領の改訂により、新設科目の改編が多い国語、地理歴史、公民などに対するさまざまな意見、高大接続改革から端を発した高校教育改革に対する意見や大学入試センター試験の改革に伴う高等学校進路指導の課題に対する意見などがあった。それらさまざまな角度からの問題提起がなされた中で、ファシリテーター役を務めた指導主事は苦慮しながらも、課題解決の方策を協議内容から取りまとめて参加者に伝えた。そこで整理された方策の中から注目できたものを紹介しよう。「未来への教育投資（ふるさと基金の活用等）」「生徒が学んでみたい高校教育への改革」「コミュニティ・スクールの導入」「魅力あるカリキュラム開発とカリキュラム・マネジメントの実現」「県外高等学校との連携・協力による交換留学制度の導入」などが指摘されたことである。

各高等学校が、新学習指導要領の本格実施までに行うこととしては以下となる。新学習指導要領解説の刊行前から、前述のスケジュールのとおり、2018年度中の移行期間対応の準備、2019年度からの移行実施、2020年度からの「大学入学共通テスト」に向けた指導等である。さらには、今回改訂で科目編成等が大きく変わる中、新学習指導要領に対応した「大学入学共通テスト」実施大綱公表前の2024年度高等学校進学者への新教育課程表の作成・周知など、短期間に多く取り組むべき内容がある。

各学校では、周到に先を見越した、計画的な準備が求められている。そのことを教育行政機関は十分に認識し、事前に必要な学校への指導や支援を、段取りよく進めていく必要がある。

少子・人口減少社会の中での学校教育の在り方に関する教育改革は、予断を許さないほど喫緊の課題になっている。今回改訂された学習指導要領が、そうした日本の社会全体の問題にどこまで対応できるのか予測がつかない。まさに予測困難な未来社会に向けて、当然のことながら、今後時間の経過とともに社会が変化していけば、社会で求められる資質・能力についても変化することになる。そうした際に、各高等学校では社会の変化に即応して、人間形成にとって必要な有用な資質・能力を整理して、的確に学校教育で対応していかなければならない。つまりは、今回改訂の学習指導要領も、もしかすると本格的な実施を迎える前に、社会で求められる資質・能力を見直し、改善することも余儀なくされる状況になっても不思議ではない。その要因としては、少子・人口減少が大きく影響するものと考える。こうした状況にあって、学校教育は未来の子どもたちを育成するためにいかにあるべきか。未来社会に対応した教育の理念と具体的な方策の提示に対して、国や地方公共団体は速やかな対応に迫られよう。

ともあれ、前述の研究グループの意見にもあったように、未来を拓き、担い、生きていく子どもたちを大切に育てていく社会形成と学校教育の環境の維持・確保は、今の大人たちに課せられた大きな問題解決のテーマの1つである。動きのある取組がさまざまなところで始まることを期待してやまない。

筆者も、大学での教育と研究を通じて、これからの学校教育を担う学生への教員養成と高等学校等からの要請によるカリキュラム改革等の支援に、今後も真摯に向き合い、積極的に貢献していきたいと考える。

最後に、本書を書く機会をいただいた学事出版の二井豪さんには、心より御礼を申し上げる。また日頃、私の大学の研究室の方に相談や意見をお寄せいただく高等学校の教職員の方々、そして教育行政機関の指導主事の方々に対しても、本書執筆の大きな刺激と示唆をいただいたのでここに記して謝意を表す。

2018年10月

梶　輝行

【著者略歴】

梶 輝行（かじ・てるゆき）

横浜薬科大学
薬学部教職課程センター教授

1961年、東京都生まれ。1985年、日本大学文理学部卒業。同年、神奈川県立高等学校教諭として採用。2001年、神奈川県立総合教育センター指導主事、2005年、神奈川県教育委員会教育庁教育政策課主幹兼指導主事、2009年、同教育局指導部高校教育課主幹兼指導主事、2011年、神奈川県立光陵高等学校教頭、2013年、同副校長兼神奈川県教育委員会教育局総務室専任主幹、2014年、同県立高校改革担当課長兼企画調整担当課長を務め、県立高校改革基本計画・実施計画の策定に携わる。2015年には中央教育審議会初等中等教育分科会教育課程部会総則・評価特別部会委員も務める。2016年に神奈川県を退職後、現職。日本教育経営学会・日本学習社会学会に所属。

著書に『教育学講義』『教育制度論講義』（糸岡書肆）、『学校のカリキュラム開発と経営をサポートする新たな教育指導行政』（共立アイコム）など。その他、歴史学では近世後期のシーボルトや高嶋秋帆など長崎での日蘭交渉史に関する研究論文がある。

高校カリキュラム・マネジメントの基本

――たしかなカリキュラム研究・開発・マネジメントのために――

2018年12月20日　初版発行
2021年4月1日　第3刷発行

著　　者――梶　輝行
発 行 人――花岡萬之
発 行 所――学事出版株式会社
〒101-0021
東京都千代田区外神田2-2-3
☎03-3255-5471
HPアドレス http://www.gakuji.co.jp/

●編集担当――二井　豪
●デザイン――田口亜子
●編集協力――上田　宙
●印刷・製本――研友社印刷株式会社

落丁・乱丁本はお取り替えします。
ISBN 978-4-7619-2515-4　C3037　Printed in Japan